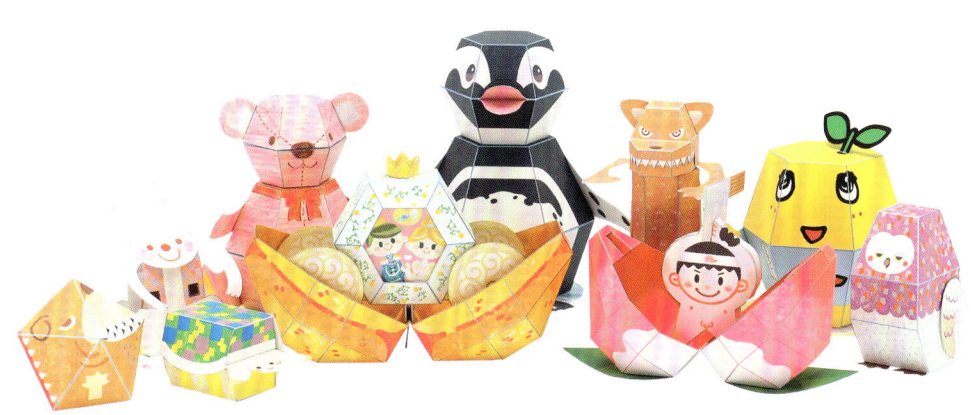

움직이는 페이퍼토이 1

점프하고, 구르고, 변신하는 캐릭터 나카무라 하루키 지음 이정아 옮김

길벗어린이

차 례

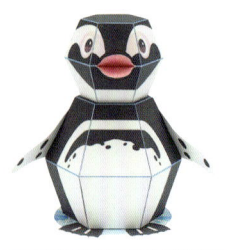
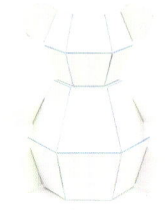
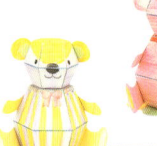
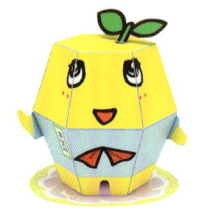
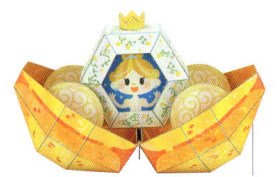
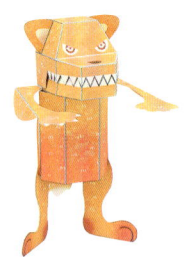

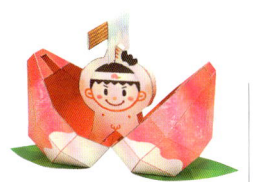
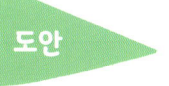
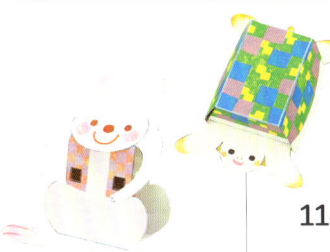
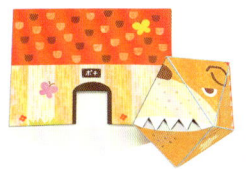
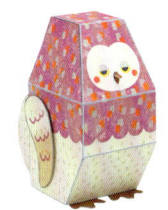
 표시가 있는 부분은 아래 홈페이지에서 만드는 법과 놀이 방법을 동영상으로 확인할 수 있습니다.

http://youtube.com/user/gilbutkid
http://www.nihonbungeisha.co.jp/kamikara

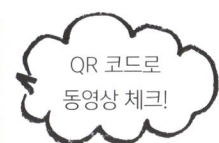
QR 코드로
동영상 체크!

마젤란펭귄

만들기 16~17쪽
도안　33~38쪽

"안녕! 난 점프하는 마젤란펭귄이야."

내 점프 실력은
세계 최고지!

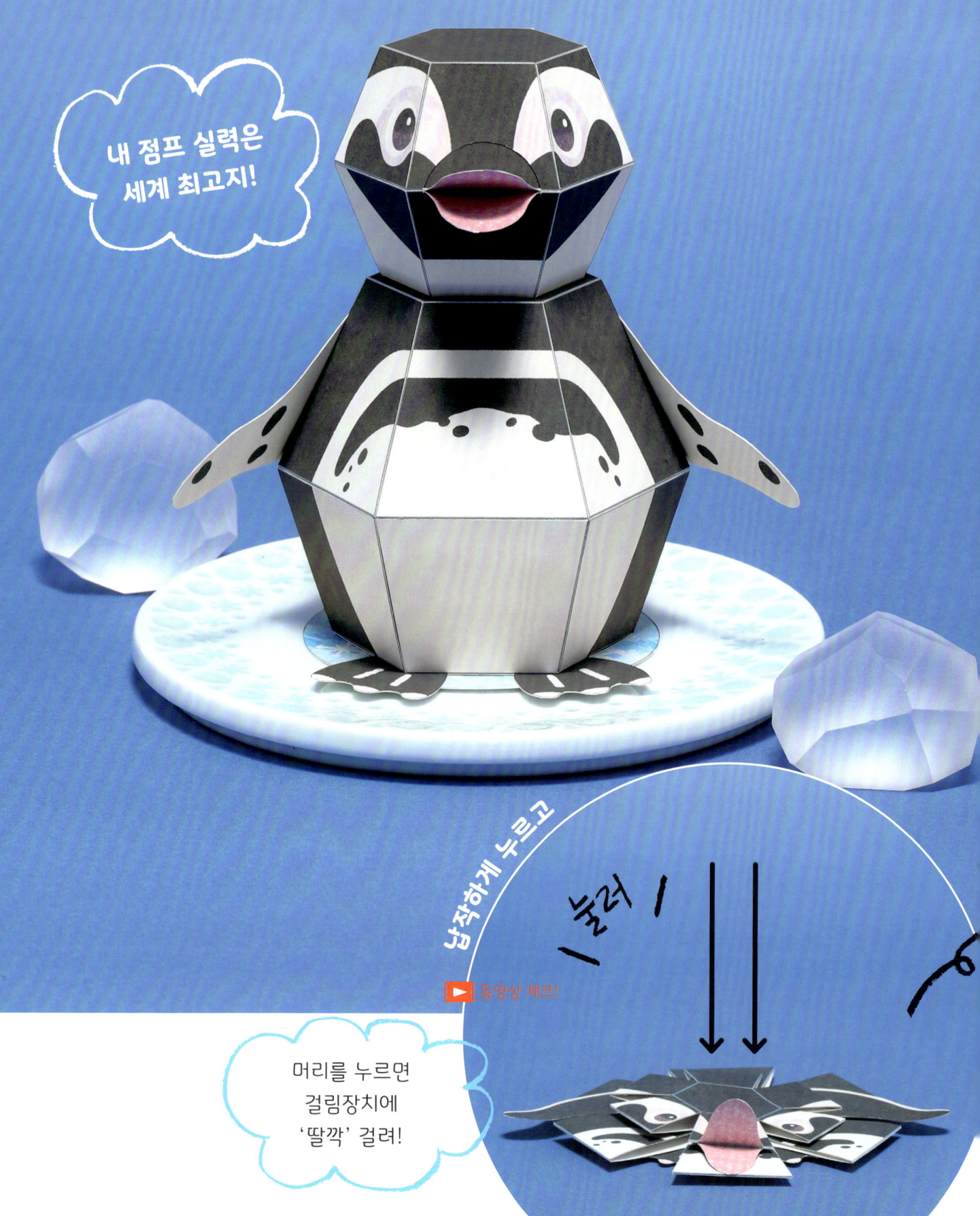

납작하게 누르고

눌러

▶ 동영상 제공!

머리를 누르면
걸림장치에
'딸깍' 걸려!

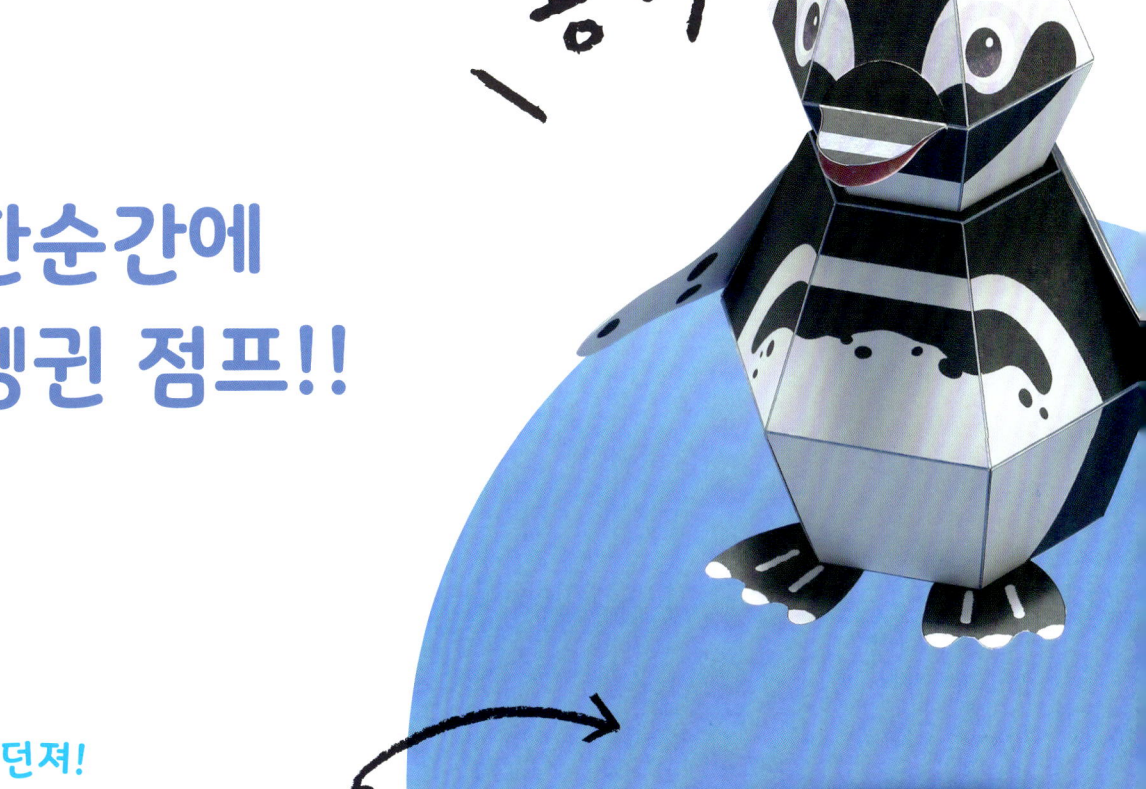

뽕!

한순간에
펭귄 점프!!

가볍게 던져!

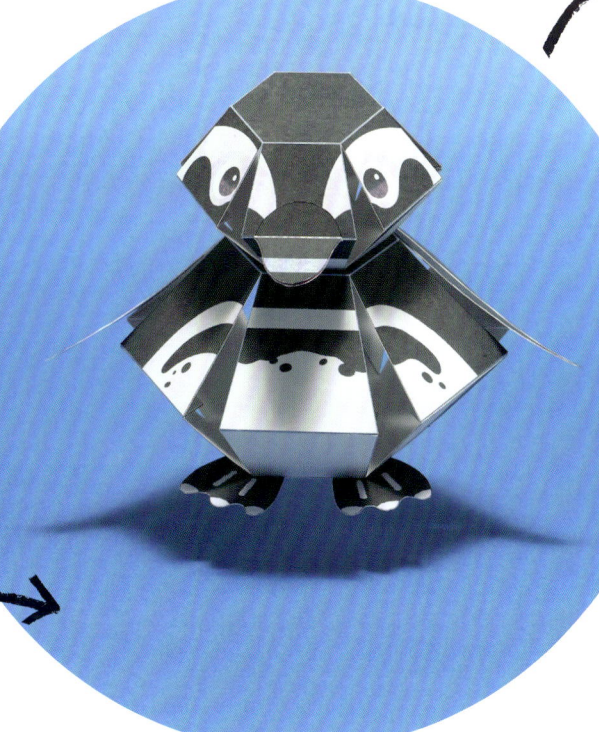

바닥에 닿는 순간
몸이 부풀며 점프!
마젤란펭귄으로 변신!!

만들기 16~17쪽
도안 39~42쪽

곰돌이

어떤 곰돌이를 원하니?
너희가 원하는 대로
아름답게 꾸며 봐!

"날 멋진 곰돌이로 만들어 줘!"

만들기 전에
색을 칠해야 돼!

납작하게 눌러서 던져!

뾰로롱!

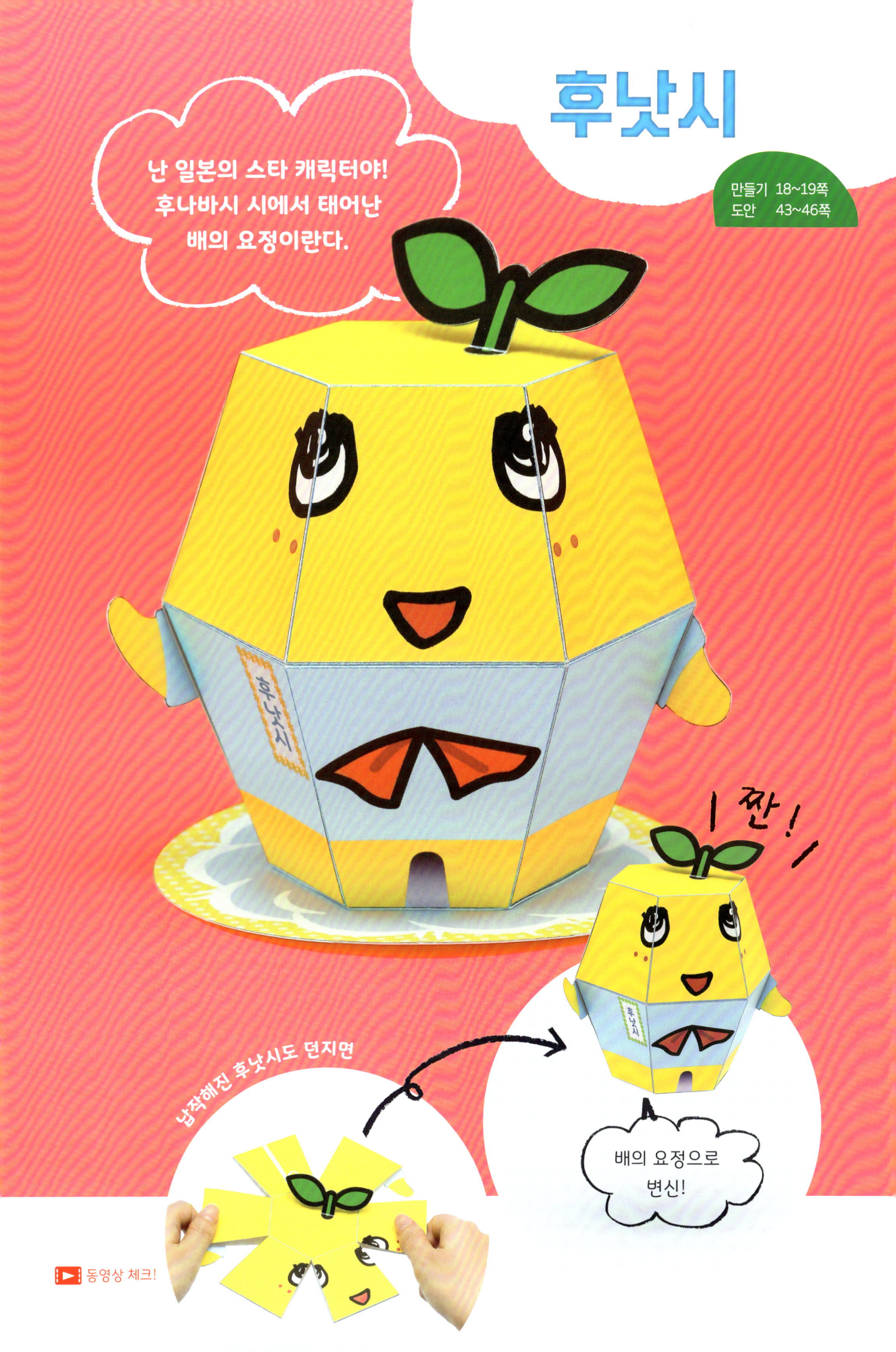

후낫시

난 일본의 스타 캐릭터야!
후나바시 시에서 태어난
배의 요정이란다.

만들기 18~19쪽
도안 43~46쪽

짠!

남작해진 후낫시도 던지면

배의 요정으로
변신!

▶ 동영상 체크!

신데렐라의 호박마차

만들기 20~21쪽
도안   47~52쪽

호박이 순식간에 마차로 변신!

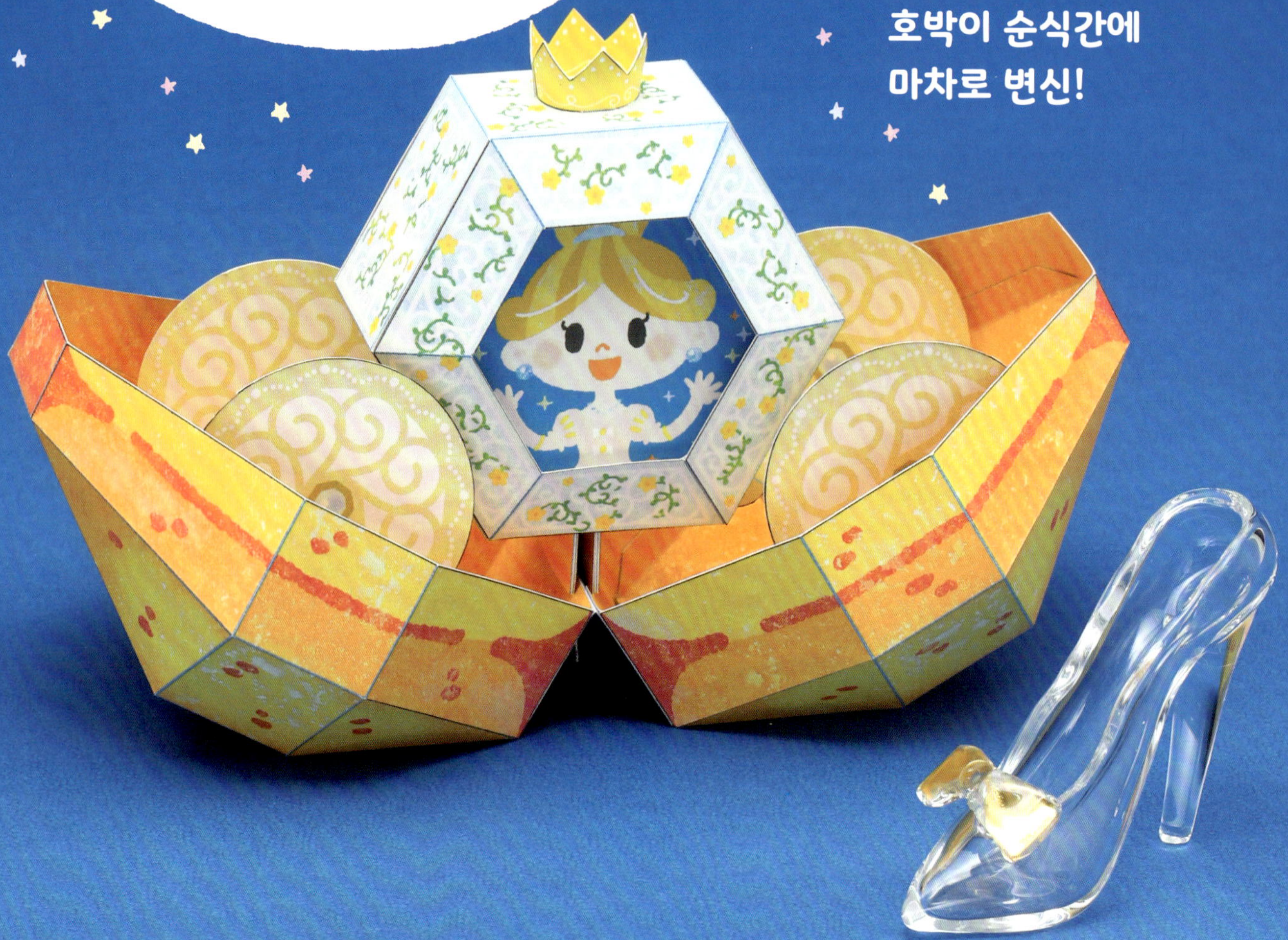

호박을 만지는 순간 마법이 시작돼!

\톡/

\데굴데굴/

\짠/

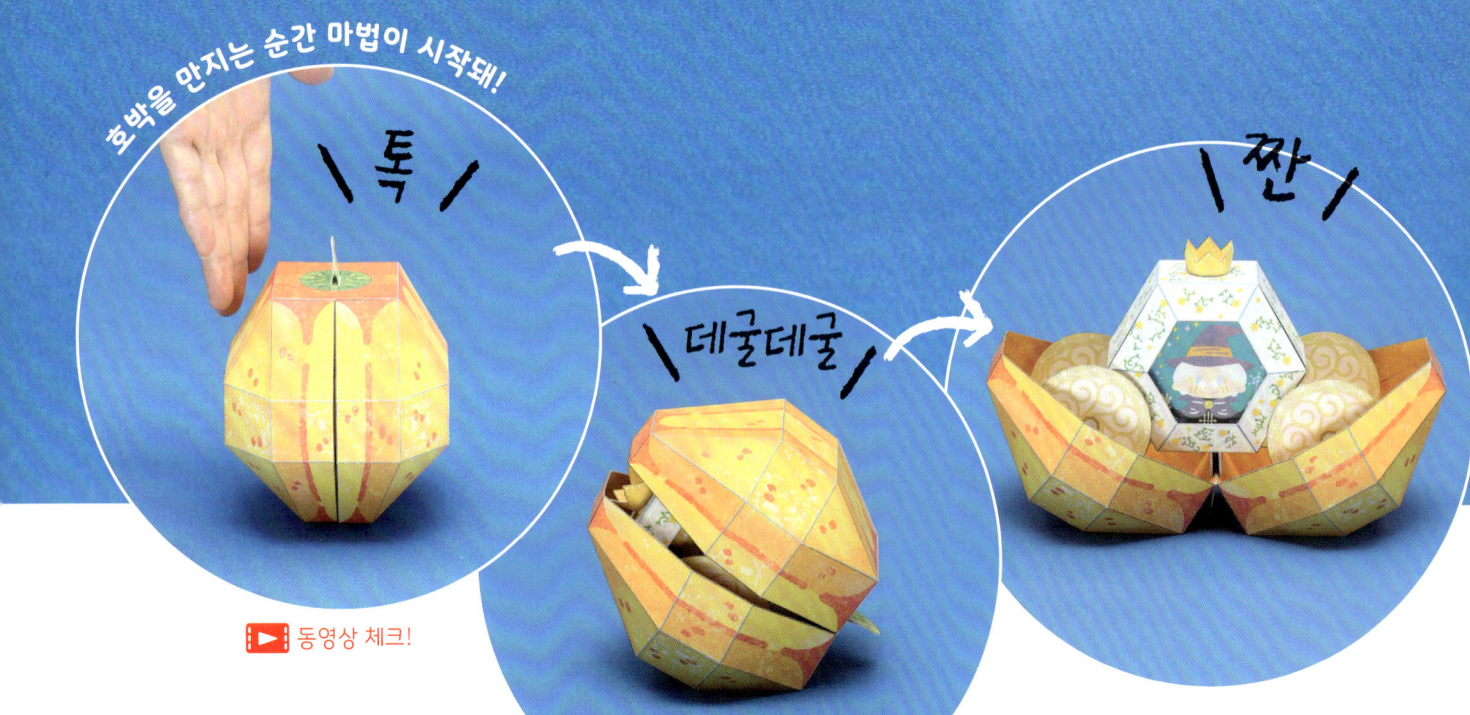

▶ 동영상 체크!

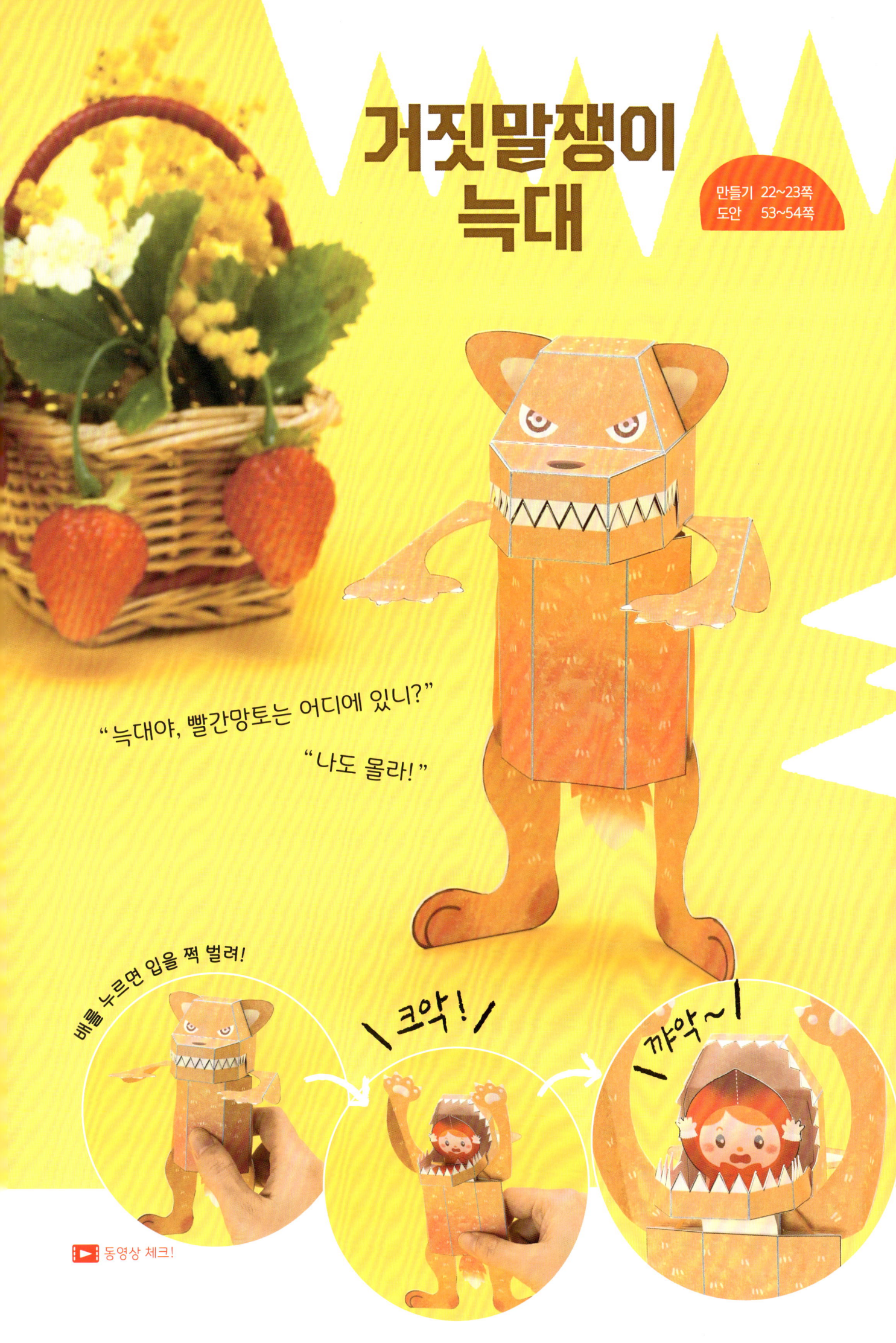

거짓말쟁이 늑대

만들기 22~23쪽
도안 53~54쪽

"늑대야, 빨간망토는 어디에 있니?"

"나도 몰라!"

배를 누르면 입을 쩍 벌려!

크악!

꺄악~!

▶ 동영상 체크!

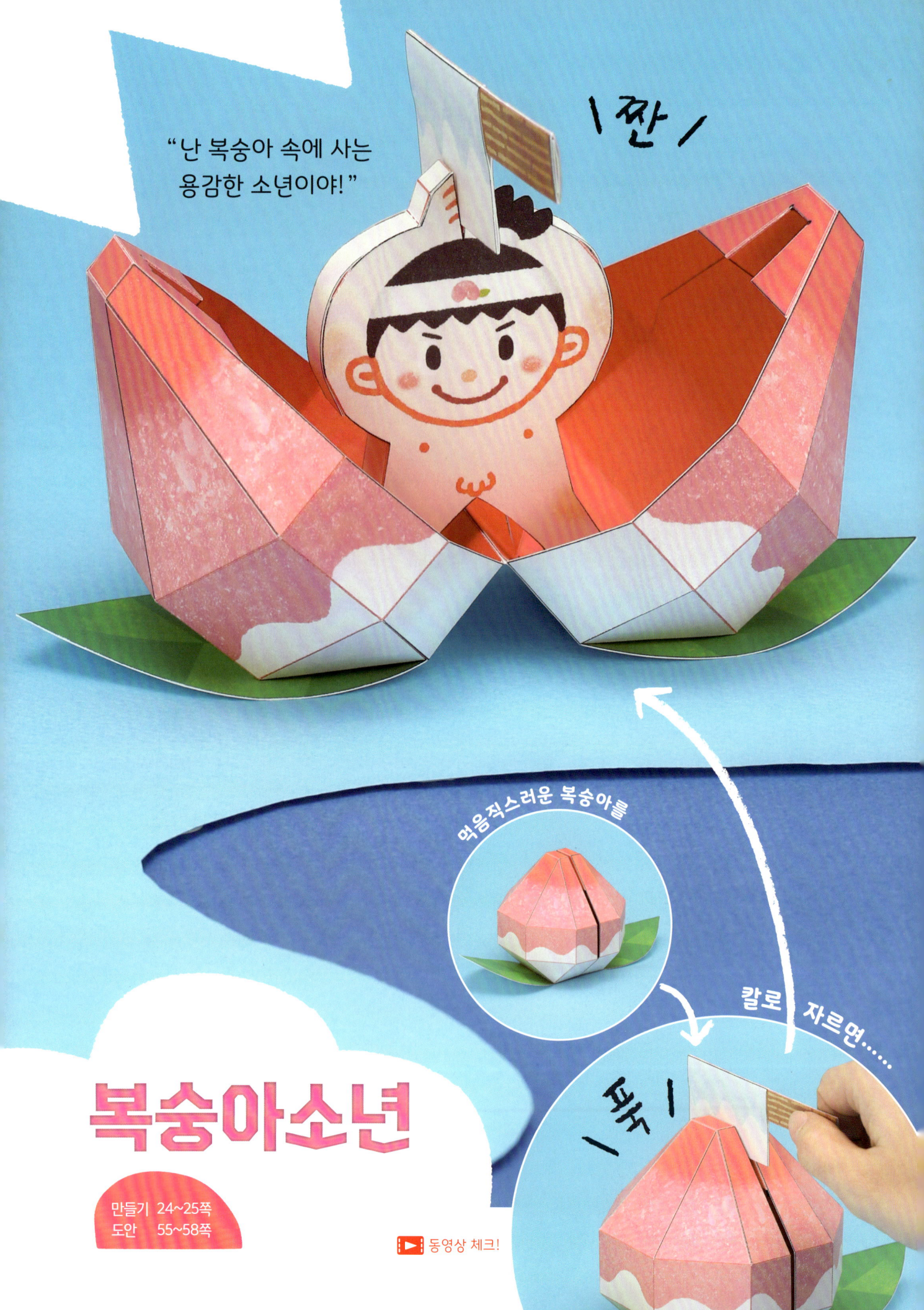

"난 복숭아 속에 사는
용감한 소년이야!"

＼짠／

먹음직스러운 복숭아를

칼로 자르면......

＼퍄／

복숭아소년

만들기 24~25쪽
도안   55~58쪽

▶ 동영상 체크!

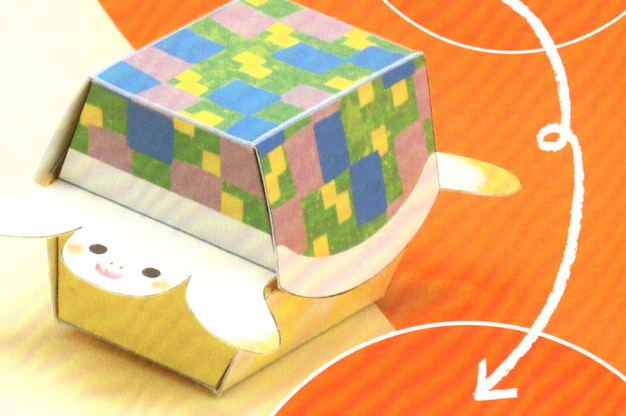

머리를 눌렀다 놓으면

누가 빠를까?
누가 더 멋지게 회전할까?
토끼와 거북의 한판승!

만들기 26~27쪽
도안   59~60쪽

텀블링 토끼
점프 거북

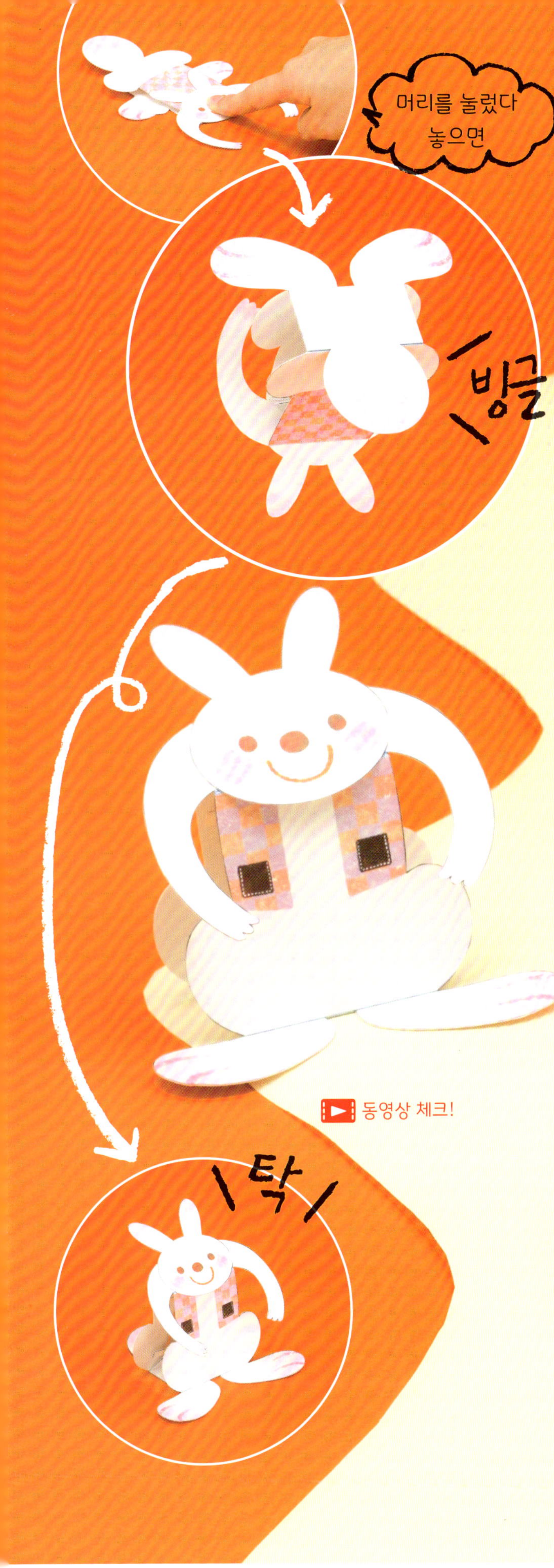

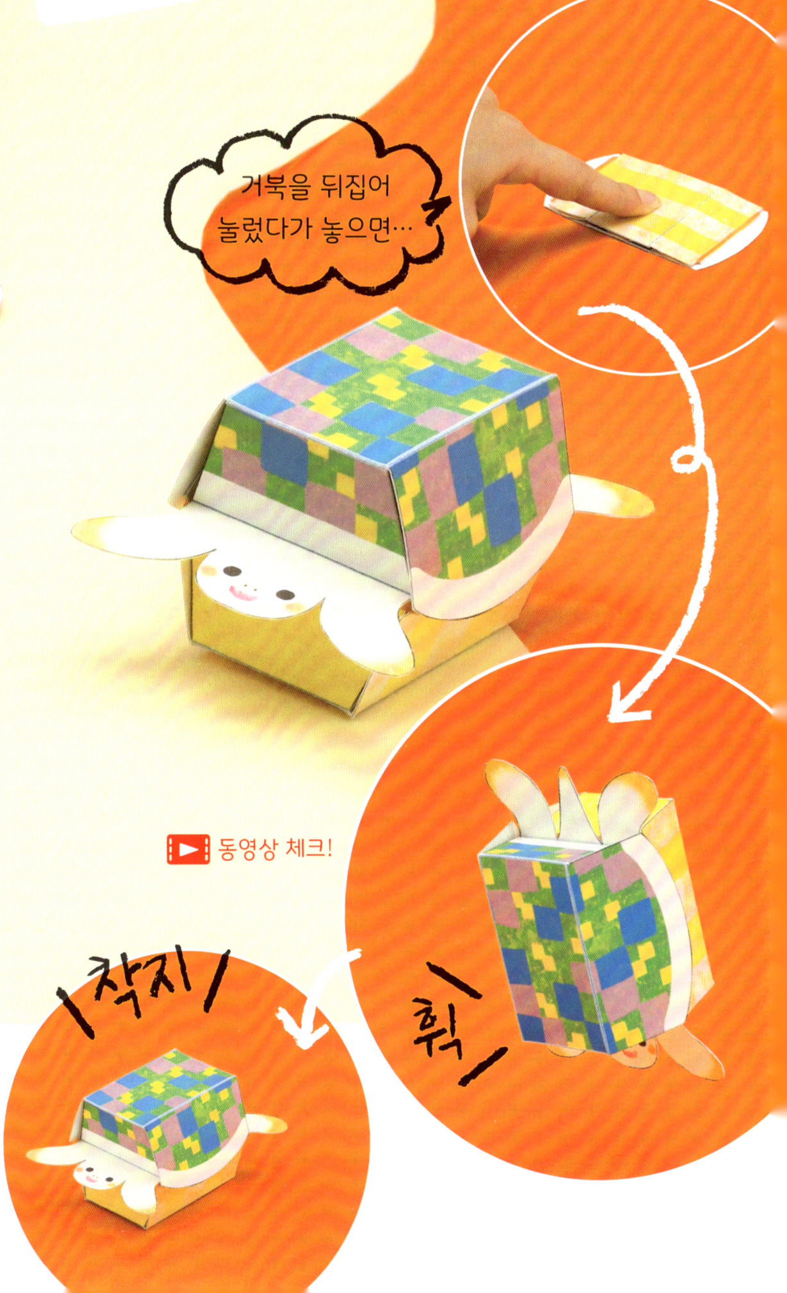

빙글

▶ 동영상 체크!

탁

거북을 뒤집어
눌렀다가 놓으면…

▶ 동영상 체크!

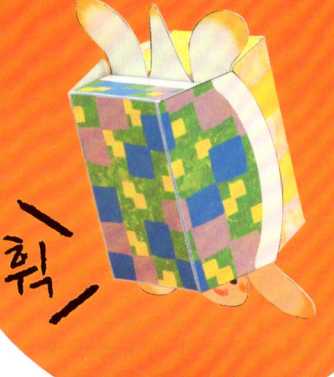

휙

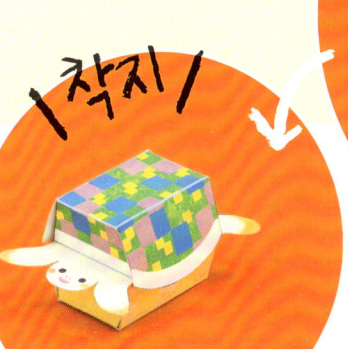

착지

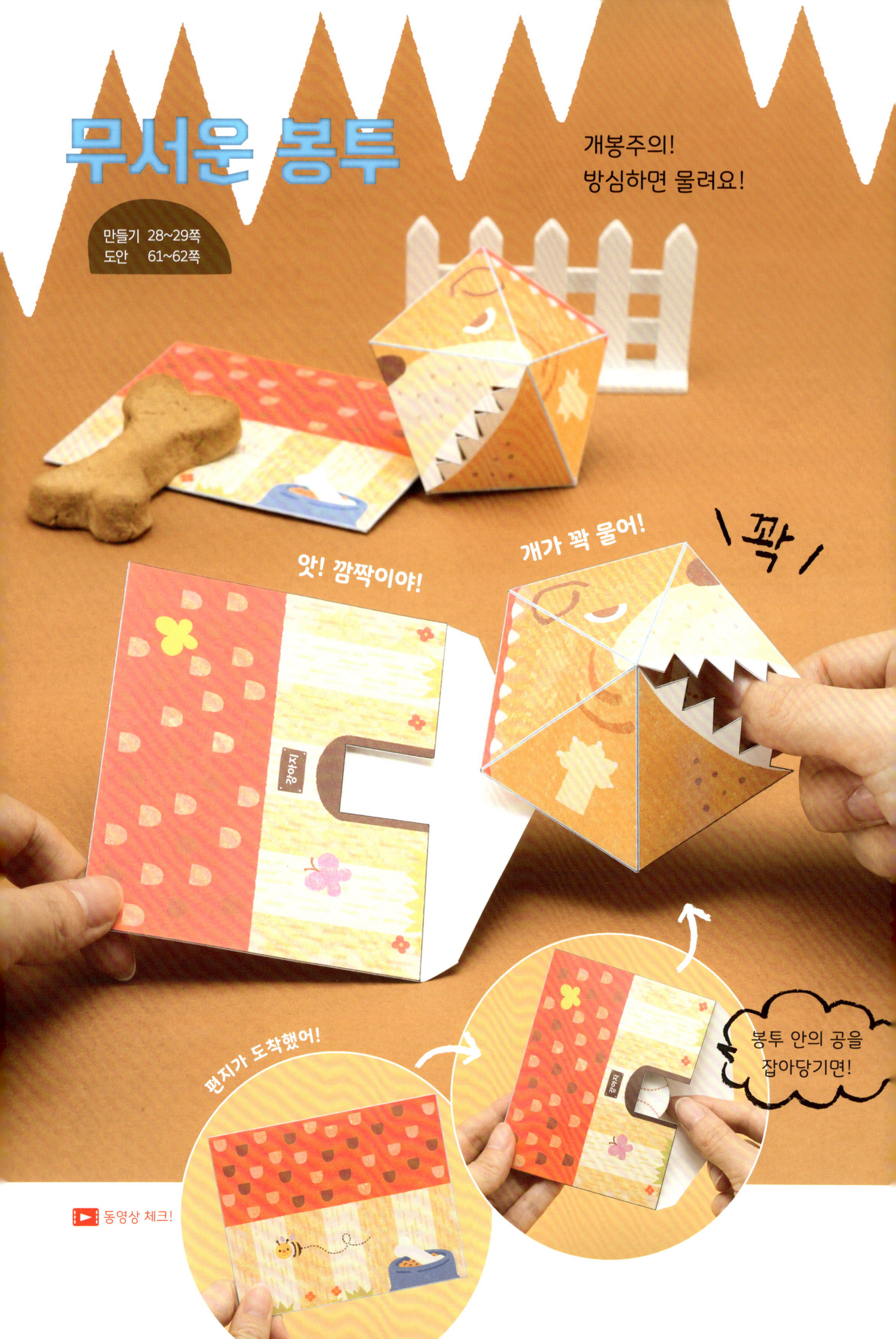

무서운 봉투

만들기 28~29쪽
도안 61~62쪽

개봉주의!
방심하면 물려요!

앗! 깜짝이야!

개가 꽉 물어!

\꽉/

편지가 도착했어!

봉투 안의 공을
잡아당기면!

▶ 동영상 체크!

오뚜기 올빼미

만들기 30~31쪽
도안   63~64쪽

난 아무리 넘어져도
벌떡 일어나는
부지런한 올빼미야!

▶ 동영상 체크!

머리를 톡 건드려 봐!

\톡/

\쏙/

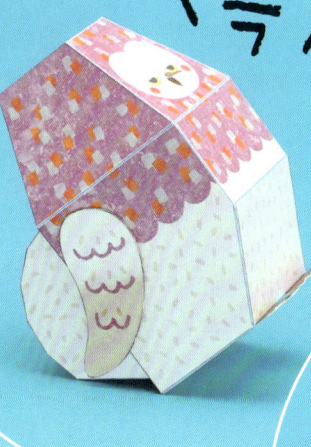

\탁/

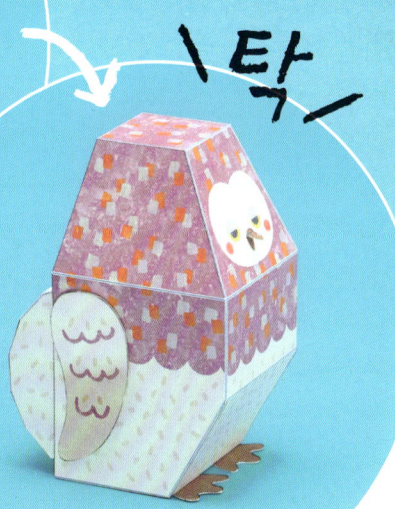

만들기   필요한 도구

자르기

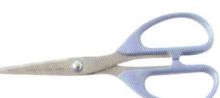

가위
익숙하게 사용하던 것이 좋아요.
곡선은 칼보다 가위가 자르기
편합니다.

칼
문구용 칼을 사용합니다. 섬세한
부분을 자를 때는 디자인용 칼이
편리합니다.

커팅매트
칼을 사용할 때 아래에 깔고
사용하세요.

접기

송곳
종이에 자국(접는 금)을 낼 때에 사용합니다.
샤프나 잉크가 없는 볼펜, 컴퍼스 등을 사용할
수도 있습니다.

자
송곳 등을 대고 접는 금을 그을 때 사용합니다.
반듯한 직선 자국을 만들 수 있습니다.

붙이기

목공용 본드
빠르게 마르고 접착력이 좋은 목공용
본드나 목공풀이 가장 좋습니다.

이쑤시개
종이에 본드를 바를 때 사용합니다. 특히 면적이
좁은 부분에 본드를 바를 때 사용하면 편리해요.

조립하기

핀셋
고무줄을 집거나, 손가락이 들어가지 않는
곳을 붙일 때 편리합니다.

고무줄(실물 크기)
지름이 약 3cm, 4cm인
고무줄을 사용합니다.

구하기 힘들면 둘 중
하나만 사용해도
됩니다.

※ 작품에 따라 필요한 도구가 조금씩 달라집니다. 작품별로 필요한 도구는 만드는 법에 따로 표기했으니 참고하세요.

이럴 때는 어떻게? **종이접기 Q & A**

Q 본드를 잘못 발라 튀어나갔다면?

A 깨끗한 수건에 물을 조금 묻혀서 가볍게 닦아 내세요.

Q 실수해서 잘라 버렸을 때는?

A 셀로판테이프로 붙이면 돼요. 단, 그 부분에 다른
종이를 이어 붙여야 하는 경우는 도안의 필요 없는
부분을 작게 잘라서 실수한 부분의 뒤에 본드로
붙이는 것이 좋아요.

Q 장시간 보관할 때는?

A 색이 변하거나 고무줄이 노화되는 것을 막기 위해
햇빛이 비추지 않는 곳에 보관하세요. 오랜만에
가지고 노는 경우에는 고무줄이 끊어지기 쉬우니
반드시 확인하세요.

만드는 순서와 방법

1 도안을 책에서 떼어 낸다

도안을 점선에 맞춰 조심해서 떼어 냅니다. 도안이 여러 장인 경우도 있으므로, 작품별로 갯수를 잘 확인하고 떼어 내세요.

2 접는 선에 금을 긋는다

산접기 선, 계곡접기 선을 모두 송곳이나 펜으로 금을 그어 자국을 냅니다. 작품을 깨끗하게 완성하기 위한 중요한 작업입니다. 자를 사용해서 반듯하게 금을 그어 주세요.

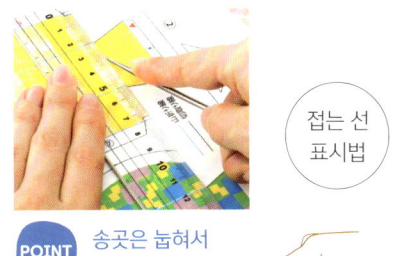

접는 선 표시법

POINT 송곳은 눕혀서 사용하세요.

O ✕

3 자르는 선을 따라 오린다

자르는 선을 따라 도안을 오리세요. 곡선은 가위를, 직선은 칼을 사용하세요. 오려 내는 부분이 있는 경우 제일 먼저 오려 냅니다.

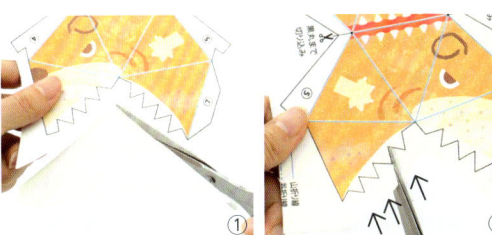

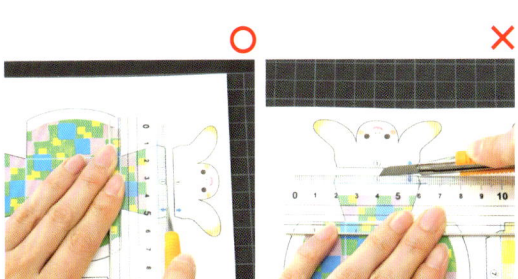

O ✕

가위로 자르기

① 우선 대강 잘라 냅니다.
② 같은 방향을 한꺼번에 가위집을 냅니다.
③ 반대 방향으로 가위를 넣고 오려 냅니다.

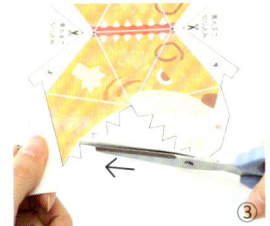

칼로 자르기

칼은 위에서 아래로 움직이며 자르는 것이 기본입니다. 좌우로 자를 경우, 자 때문에 자르는 선 끝이 보이지 않습니다.

4 접는 선대로 접어 준다

산접기, 계곡접기를 확인하고 접습니다.

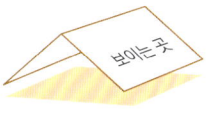

산접기(뒤로 접기)

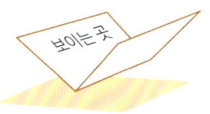

계곡접기(앞으로 접기)

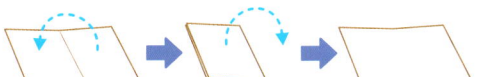

POINT 정확히 반으로 접고 펼칩니다.
종이가 약하므로, 반대쪽으로 다시 접지 마세요!

5 붙인다

자른 도안의 같은 번호끼리 붙여 줍니다. 깔끔하게 만들기 위해서는 빈틈없이 붙이는 것이 중요합니다.

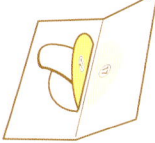

그림처럼 면적이 좁은 부분(짙은 노란색)에 본드를 바르고, 넓은 부분(옅은 노란색)에 붙입니다. 실제 도안은 노란색 으로 표시되어 있지 않으므로, 번호와 크기를 보고 확인하세요.

POINT 1 본드는 종이에 조금 짜 두고, 이쑤시개에 묻혀서 사용하면 편리합니다. 빵에 버터를 바르듯 얇게 발라 주세요.

POINT 2 본드로 붙인 후, 떨어지지 않도록 손가락으로 꽉 누르고 잠시 기다립니다. 손가락이 들어가지 않는 곳은 핀셋을 사용해서 눌러 줍니다.

자, 이제 본격적으로 만들기를 시작해 볼까?

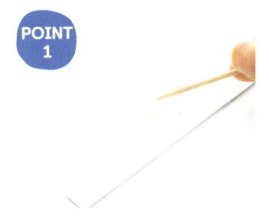

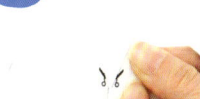

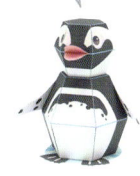

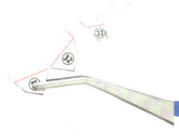

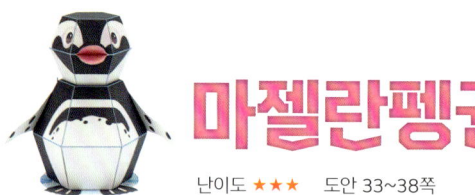

마젤란펭귄

난이도 ★★★ 도안 33~38쪽

도안 33~38쪽

필요한 도구

칼, 가위, 송곳,
자, 목공본드,
이쑤시개, 핀셋,
고무줄(마젤란펭귄:
지름 4cm 2개, 곰돌이:
지름 4cm 1개, 지름 3cm
1개)

준비

· 접는 선에 금을 긋는다.
· 모든 도안을 잘라 낸다.
· 산접기, 계곡접기의 지시대로 접는다.

> 자세한 것은 14~15쪽의
> 만들기 방법을 보세요!

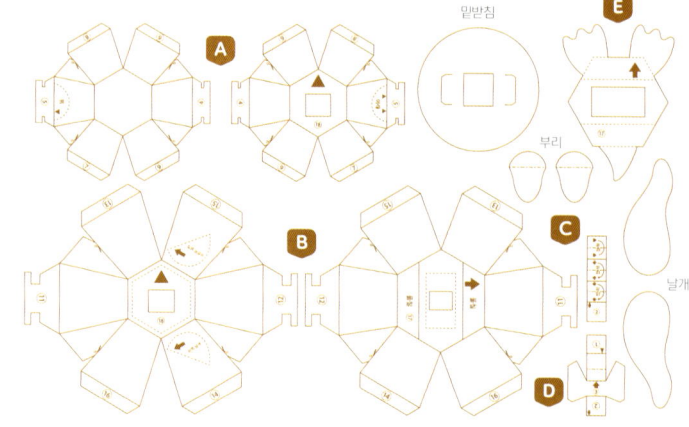

만드는 법

1 A~E로 머리와 몸을 만든다

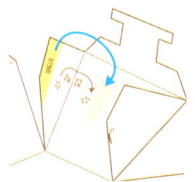

A, B 뒷면의 풀칠
부분에 본드를 바르고,
☆ 모양끼리 붙여 준다.

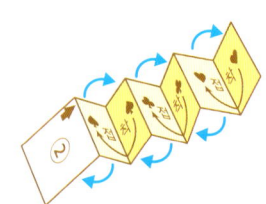

C의 회색 부분에 본드를 바르고,
같은 기호의 면을 붙여서 그림과
같은 모양을 만든다.

A-1

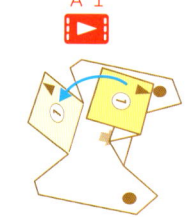

D는 선대로
접은 후 ①
끼리 붙인다.

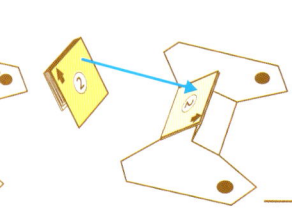

C-②와 D-②를 붙이고,
걸림장치를 완성한다.
(화살표 방향 주의)

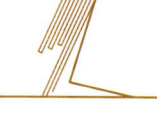

걸림장치를 옆에서
본 모양

POINT 움직임에 영향을 미치므로
방향에 주의해서 정확하게 붙인다.

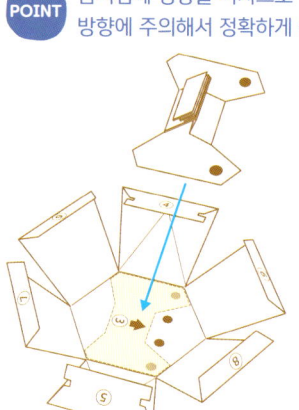

A-③에 걸림장치를 붙인다.

A-2

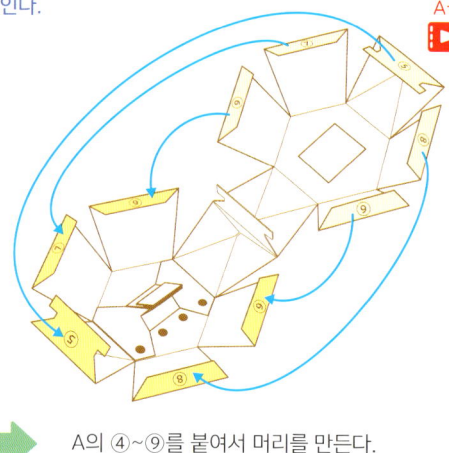

A의 ④~⑨를 붙여서 머리를 만든다.

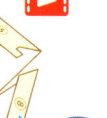

POINT 하나씩 펼 때마다 그림과
같이 펼쳐진 곳을 손가락
으로 꽉 누른다.

벌어진 틈에 본드가 묻어
서로 붙지 않도록 주의!

단면도

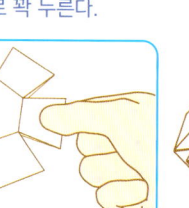

B-⑩을 뒤집어서 붙인다.

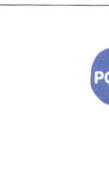

B의 ⑪~⑯을 붙여서 몸을 만든다.

POINT 화살표 방향을 맞추어 붙이고, 회색 부분
이외에 본드가 묻지 않도록 주의한다.

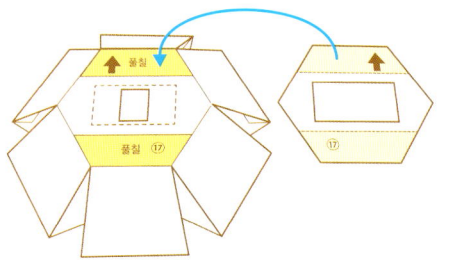

풀칠 부분에 본드를 발라서 E를 붙인다.

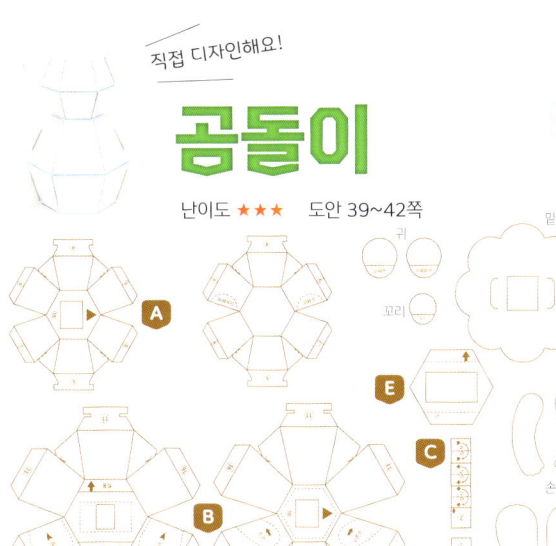

직접 디자인해요!

곰돌이

난이도 ★★★　도안 39~42쪽

A

E

C

B

D

밑받침

귀

꼬리

손

발

놀이 방법

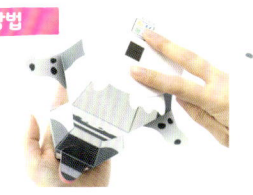
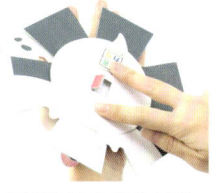
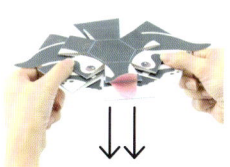

뒤집어서 바닥의 구멍이 막히지 않게 손가락을 가위 모양으로 벌려 머리 쪽으로 한 번에 누른다.

걸림장치가 걸린 상태

다리 쪽을 잡고, 딱딱하고 평평한 테이블이나 바닥에 수평으로 떨어뜨리면 몸이 부풀며 점프한다.

곰돌이 색칠하기

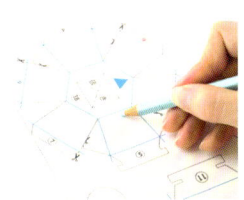

만들기 전에 색을 칠하는 것이 좋다. 그림물감을 사용하면 종이가 뻣뻣해져 탄성이 떨어지므로 색연필을 사용한다.

---

2 머리와 몸에 고무줄을 걸어 준다

A-3 ▶

손가락으로 누른다.

손가락으로 누른다.

손가락으로 누른다.

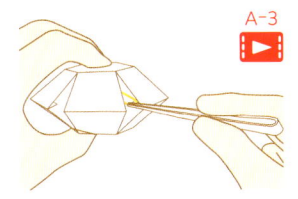
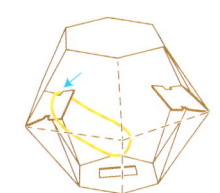
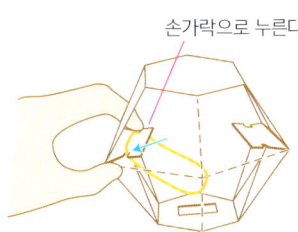
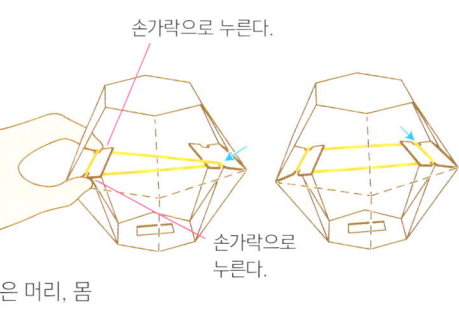

머리와 몸통을 각각 그림처럼 가볍게 누르고, 핀셋을 사용해 틈으로 고무줄을 걸어 준다. 마젤란펭귄은 머리, 몸 모두 지름 4cm 고무줄을, 곰돌이는 머리에 지름 3cm, 몸에 지름 4cm 고무줄을 사용하면 좋다.

---

3 머리와 몸을 붙인다

A-4 ▶

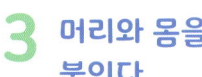
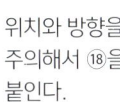
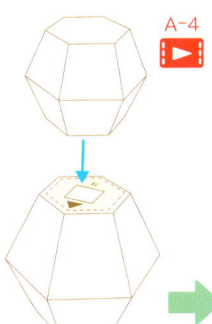
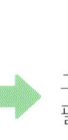
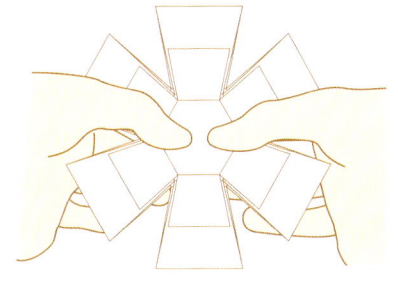
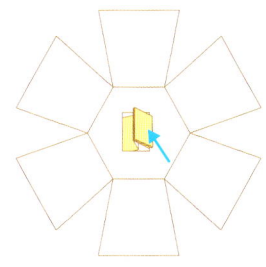

위치와 방향을 주의해서 ⑱을 붙인다.

그림처럼 잡고 가운데를 손가락으로 눌러 잘 펼쳐지는지, 걸림장치가 잘 걸리는지 확인한다.

뒤로 돌려서 이 부분을 누르면 원래대로 돌아간다(걸림장치가 풀린다).

---

4 부속물을 붙인다

부리

날개

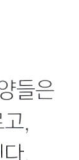
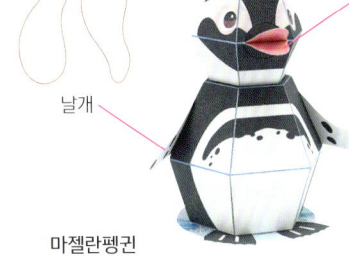

마젤란펭귄

귀

손

발

꼬리

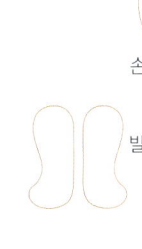
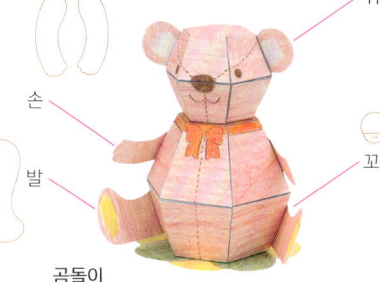

곰돌이

날개, 부리 등 각각의 모양들은 풀칠 부분에 본드를 바르고, 사진과 같이 몸통에 붙인다.

---

5 밑받침을 끼워 준다

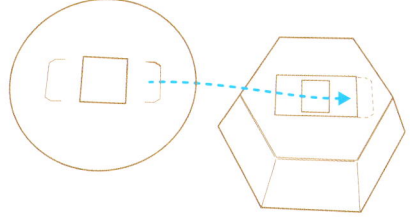
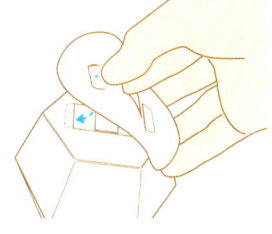

밑받침을 몸통의 아래에 끼워 넣으면 쓰러지지 않는다. 본드는 사용하지 않는다.

POINT

밑받침을 끼우면 점프한 뒤에 더 잘 선다.

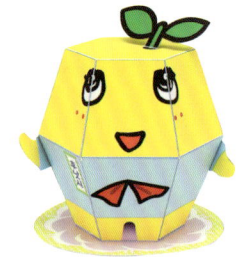

후낫시

난이도 ★★   도안 43~46쪽

필요한 도구

칼, 가위, 송곳,
자, 목공본드,
이쑤시개, 핀셋,
고무줄 지름 4cm 1개

준비

· 접는 선에 금을 긋는다.
· 모든 도안을 잘라 낸다.
· 산접기, 계곡접기의 지시대로 접는다.

자세한 것은 14~15쪽의
만들기 방법을 보세요!

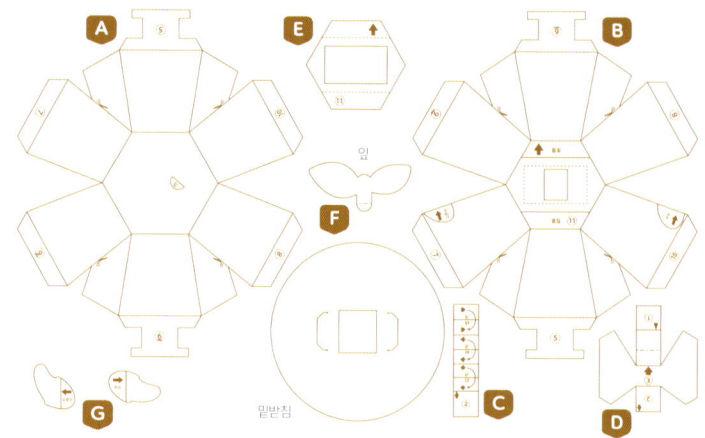

만드는 법

1 A~E로 머리와 몸을 만든다

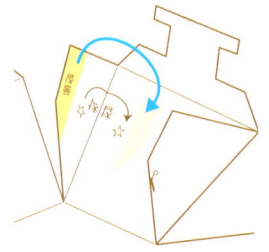

A, B 뒷면의 풀칠 부분에 본드를 바르고,
☆ 모양끼리 붙여 준다.

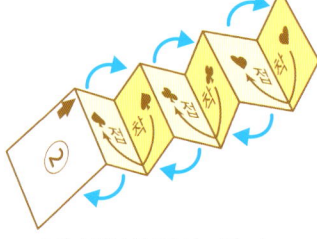

C의 회색 부분에 본드를 바르고,
같은 기호의 면을 붙인다.

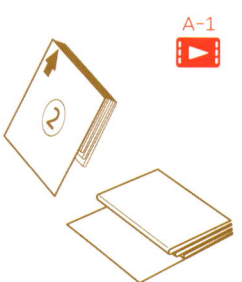

그림과 같은
모양이 된다.

A-1

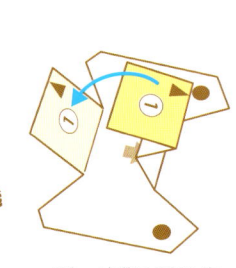

D는 선대로 접은 후
①끼리 붙인다.

POINT 움직임에 영향을 미치므로 방향에
주의해서 정확히 붙인다.

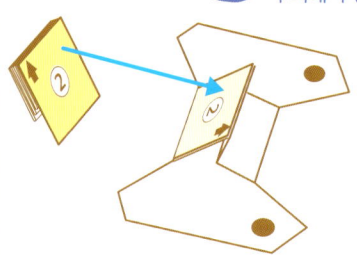

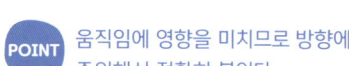

C-②와 D-②를 붙이면 걸림장치가
완성된다.(화살표 방향 주의)

걸림장치를 옆에서
본 모양

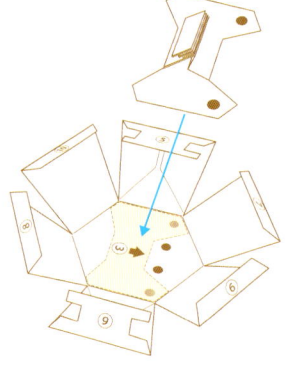

A에 걸림장치를 붙인다.

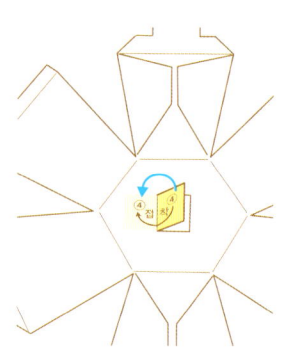

B-④를 반대로 접어서 붙인다.

A-2

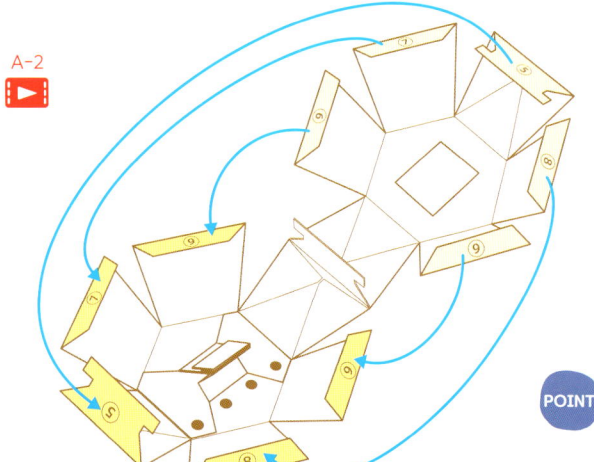

A와 B의 ⑤~⑩을 붙여서 몸을 만든다.

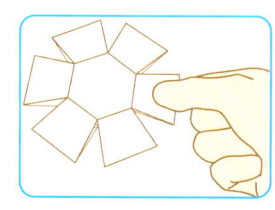

POINT 하나씩 펼 때마다 그림과 같이
펼쳐진 곳을 손가락으로 꽉 누
른다.

벌어진 틈에 본드가 묻어
서로 붙지 않도록 주의!

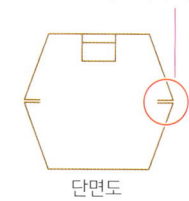

단면도

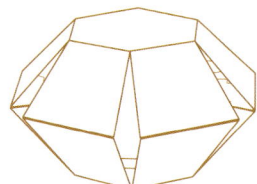

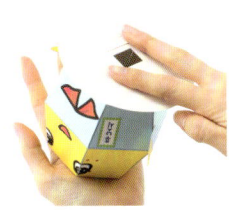

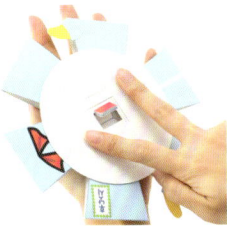

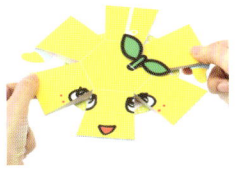

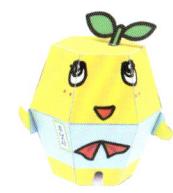

뒤집어서 바닥의 구멍과 후낫시의 머리꼭지를 주의 하며 머리 쪽으로 한 번에 누른다.

걸림장치가 걸린 상태

접힌 몸통의 바깥 부분을 잡는다.

딱딱하고 평평한 테이블 이나 바닥에 수평으로 떨어뜨리면 몸이 부풀며 점프한다.

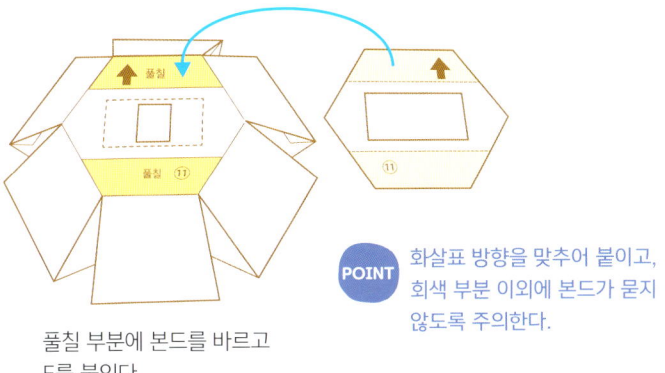

POINT 화살표 방향을 맞추어 붙이고, 회색 부분 이외에 본드가 묻지 않도록 주의한다.

풀칠 부분에 본드를 바르고 E를 붙인다.

2 몸에 고무줄을 걸어 준다

A-3

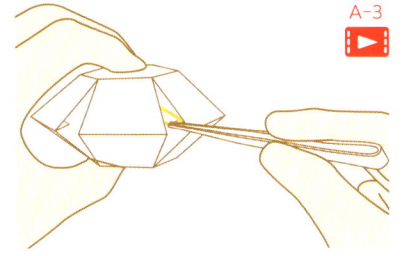

머리와 몸통을 각각 그림처럼 가볍게 누르고, 핀셋을 사용해 틈으로 고무줄을 걸어 준다.

손가락으로 누른다.

손가락으로 누른다.

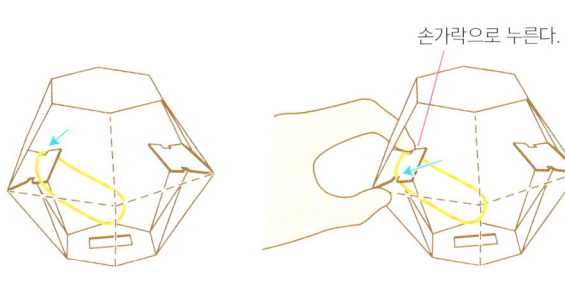

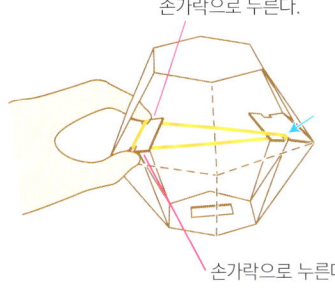

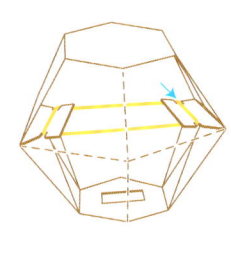

손가락으로 누른다.

3 부속물을 붙인다

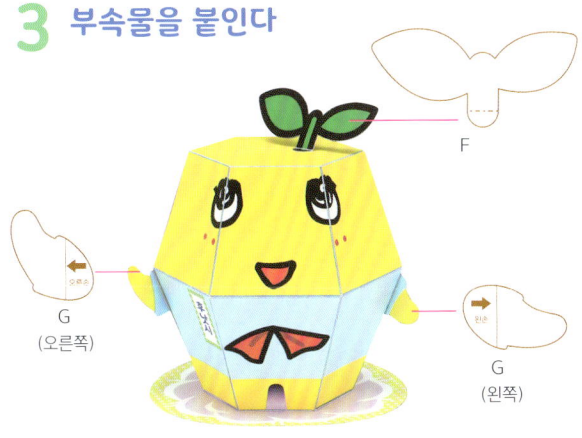

F

G
(오른쪽)

G
(왼쪽)

F~G의 풀칠 부분에 본드를 바르고, 사진과 같이 몸통에 붙인다.

4 밑받침을 끼워 준다

POINT 밑받침을 끼우면 점프 한 뒤에 더 잘 선다.

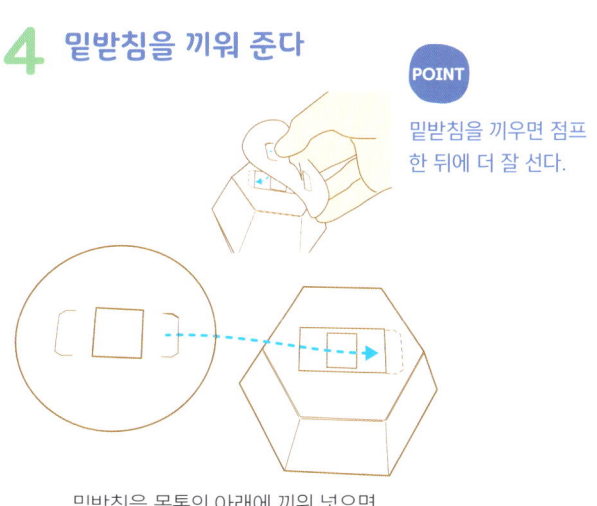

밑받침을 몸통의 아래에 끼워 넣으면 쓰러지지 않는다. 본드는 사용하지 않는다.

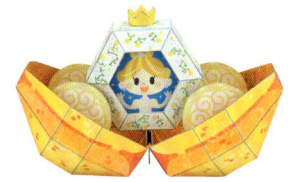

신데렐라의 호박마차

난이도 ★★★   도안 47~52쪽

필요한 도구

칼, 가위, 송곳,
자, 목공본드,
이쑤시개, 핀셋,
50원 동전 4개,
셀로판테이프

준비

· 접는 선에 금을 긋는다.
· 모든 도안을 잘라 낸다.
· 산접기, 계곡접기의 지시대로 접는다.

자세한 것은 14~15쪽의
만들기 방법을 보세요!

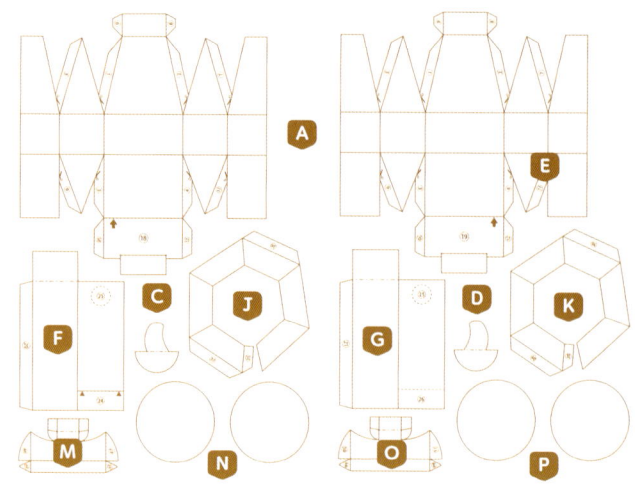

만드는 법

1 A~E로 호박을 만든다

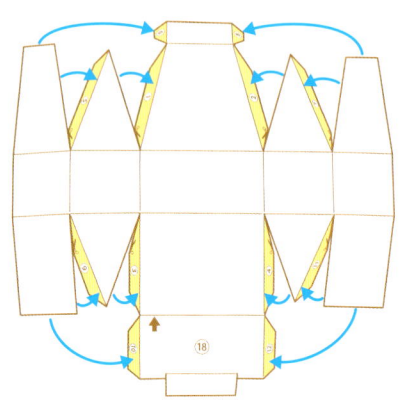

A의 ①~⑫를 순서대로 붙인다.

호박의 반쪽이 만들어진 모양

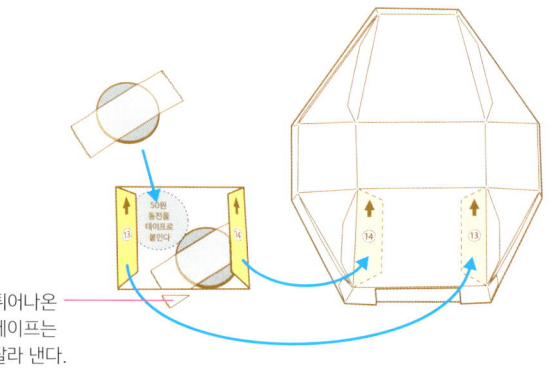

튀어나온
테이프는
잘라 낸다.

B에 각각 셀로판테이프로 50원 동전 2개를
나란히 붙인다. ⑬, ⑭에 본드를 바르고, A의
같은 번호에 붙인다. 같은 모양을 두 개 만든다.

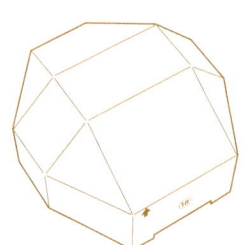

B-1

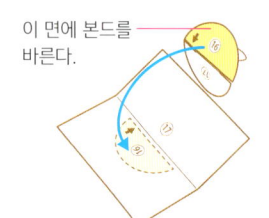

이 면에 본드를
바른다.

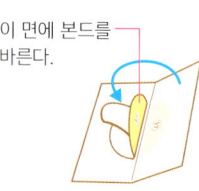

이 면에 본드를
바른다.

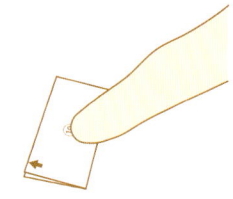

C-⑮의 회색 부분에 본드를
바르고, D의 같은 번호와 붙인다.
그림과 같이 테이블 위에 놓고
서로 잘 붙여 꼭지를 만든다.

꼭지 밑면의 ⑯에 본
드를 바르고, E-⑯에
붙인다.

꼭지 밑면의 ⑰에 본드를 바르고,
반으로 접어서 ⑰을 그림과 같이
붙인다.

붙인 곳을 손가락으로
꽉 누른다.

B-2

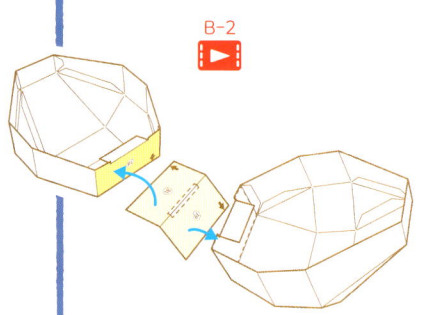

2 F~H로 기둥을 만든다

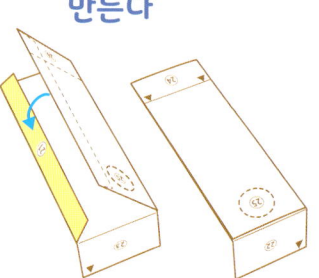

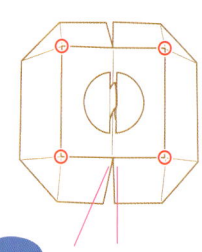

E의 ⑱, ⑲를 A의 같은
번호에 붙인다.

POINT 이어진 부분이 겹치지 않도록!

○ 부분을 정확히
맞춰 준다.

그림처럼 호박이 열린 형태가 된다.

F의 ⑳과 G의 ㉑을 각각 같은
번호에 맞춰서 붙여 준다.

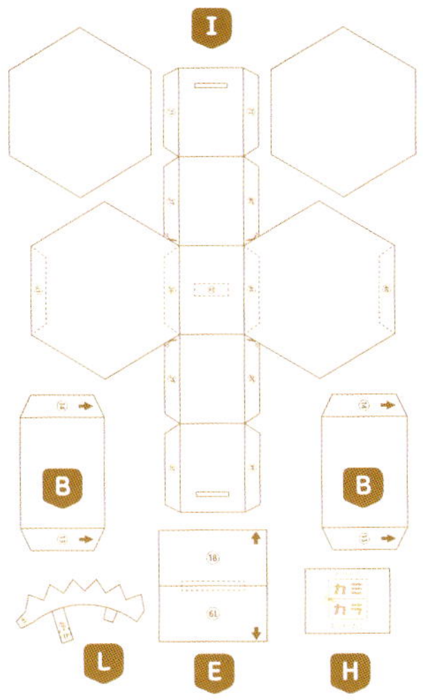
I
B
B
L
E
H

놀이 방법

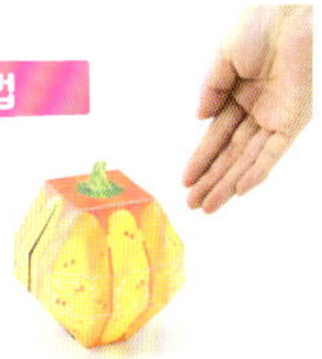

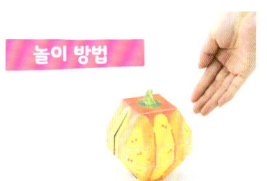

호박 꼭지를 위로 오게 놓고, 앞이나 옆에서 손가락으로 밀어 준다.

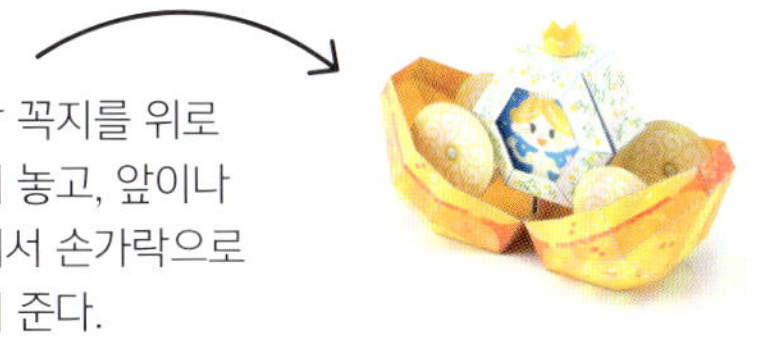

호박이 데구루루 구른 후 열리면 신데렐라가 탄 마차로 변신!

더 재미있게!

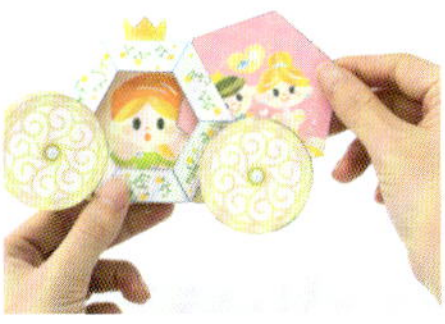

마차 안의 일러스트를 바꿔 끼워 보자.

사진 액자로 활용하기

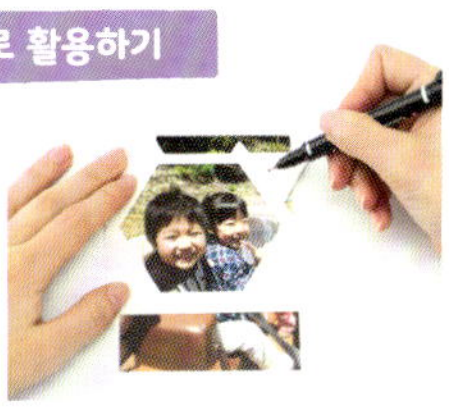

사진을 일러스트 도안 크기로 잘라서 넣으면 된다. 단, 사진은 액자 두께만큼 가려진다.

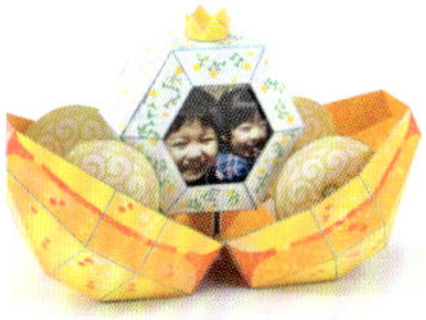

마차의 액자 안에 사진을 바꿔 끼우면 완성!

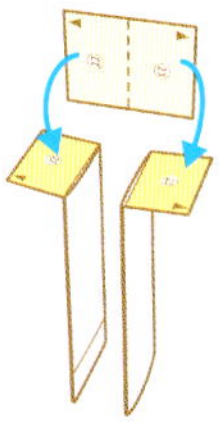

H 뒷면의 ㉒, ㉓에 만들어 둔 F, G를 그림과 같이 붙여 기둥을 만든다.

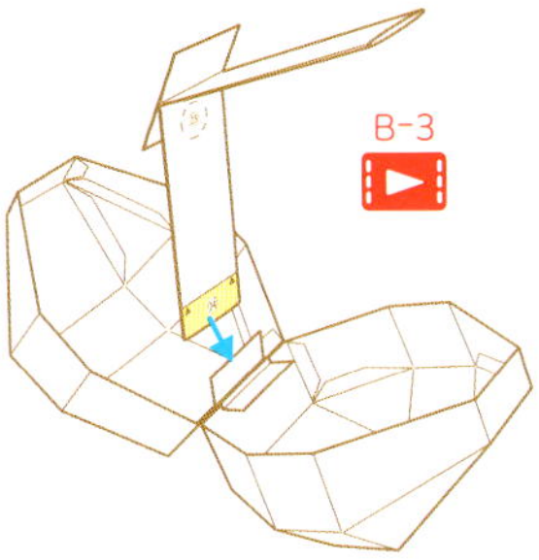
B-3

호박에 기둥의 ㉔를 기울어지지 않도록 주의하면서 붙인다.

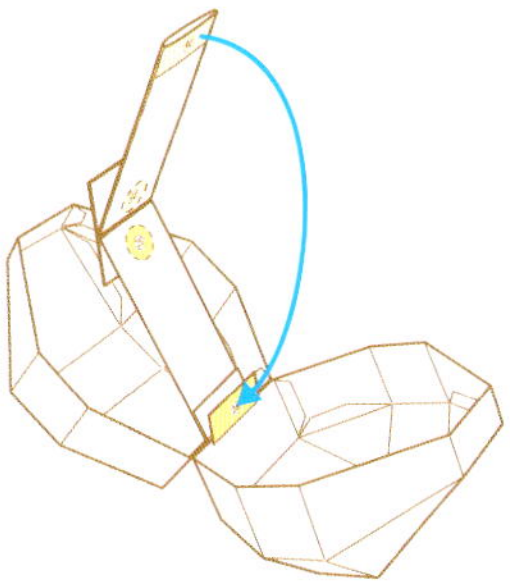

㉕, ㉖에 본드를 바르고, 그림과 같이 붙인다.

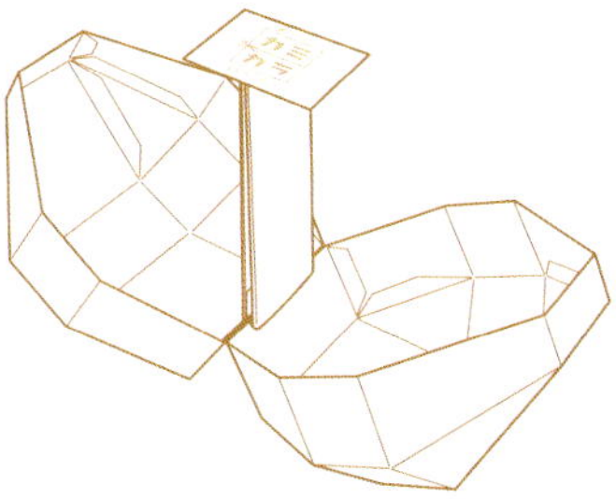

호박 완성!

3 I~P로 마차를 만든다

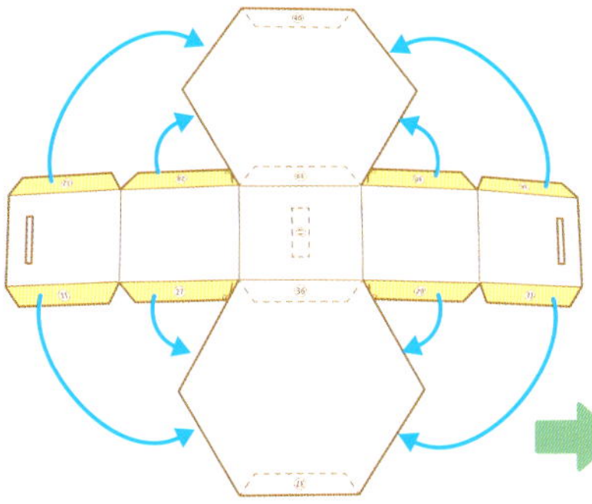

I의 ㉗~㉞를 붙인다.

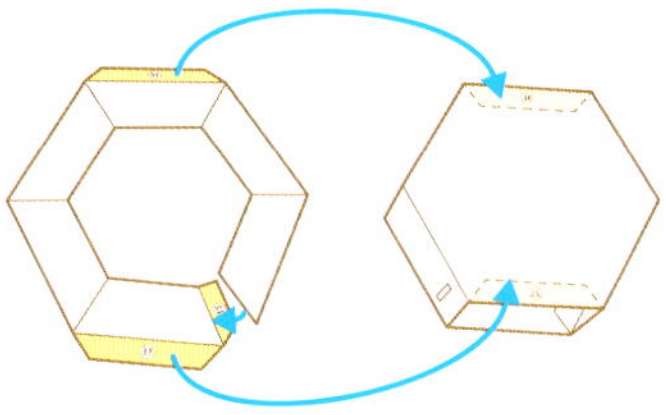

J-㉟를 붙이고 ㊱, ㊲에 본드를 발라 마차 겉면의 같은 번호에 붙인다. 마차 반대쪽 겉면에도 K의 ㊳~㊵을 같은 방법으로 붙인다.

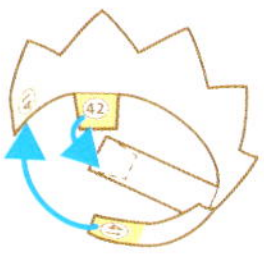

L을 펜에 감아서 동그랗게 말아 준 후 ㊶, ㊷를 붙인다.

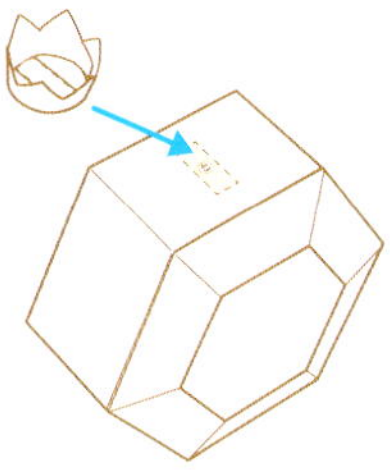

㊸에 본드를 바르고 마차 윗면의 같은 번호에 붙인다.

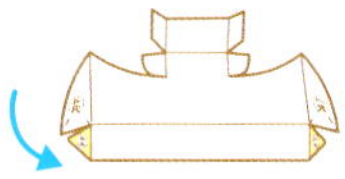

M의 ㊹, ㊺를 붙인다.

POINT 여기부터는 본드를 사용하지 않는다.

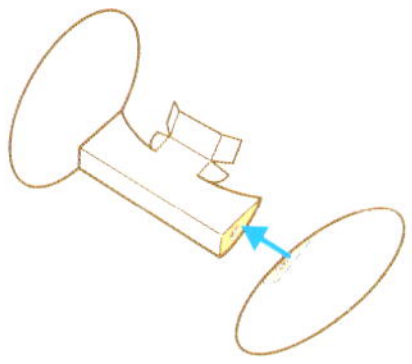

㊻, ㊼을 N의 같은 번호에 붙인다. 같은 방법으로 O와 P의 ㊽~51도 붙인다.

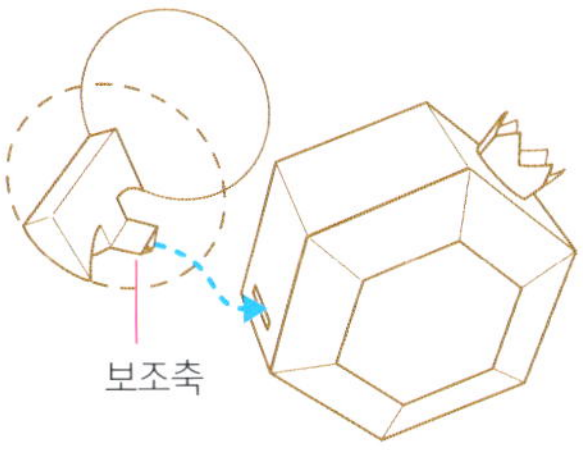
보조축

그림과 같이 바퀴의 중앙에 있는 보조축을 접어 구부린 상태로 마차 본체에 끼워 넣는다.

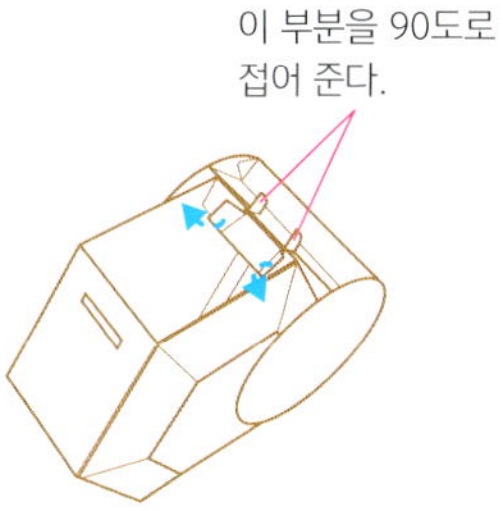
이 부분을 90도로
접어 준다.

끼워 넣은 보조축이 빠지지 않게 안쪽에서 접힌 부분을 펴 준다. 반대쪽도 마찬가지로 끼워 넣는다.

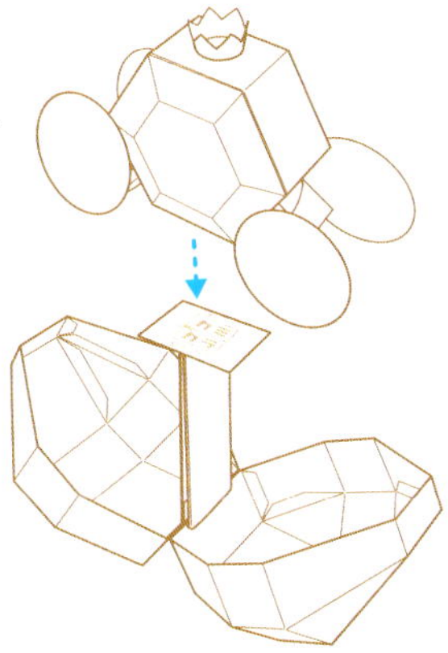

그림과 같이 마차를 호박에 끼워 넣으면 완성!

POINT 기둥과 마차를 붙이지 않는다.

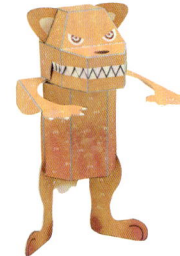

거짓말쟁이 늑대

난이도 ★★　도안 53~54쪽

필요한 도구

칼, 가위, 송곳,
자, 목공본드,
이쑤시개, 핀셋,
고무줄 지름 4cm 1개

준비

· 접는 선에 금을 긋는다.
· 모든 도안을 잘라 낸다.
· 산접기, 계곡접기의 지시
　대로 접는다.

자세한 것은 14~15쪽의
만들기 방법을 보세요!

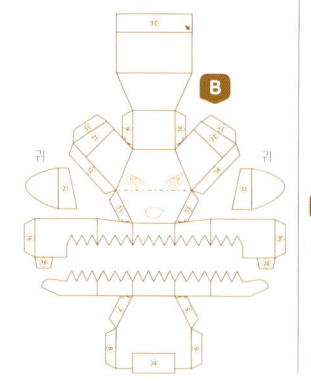

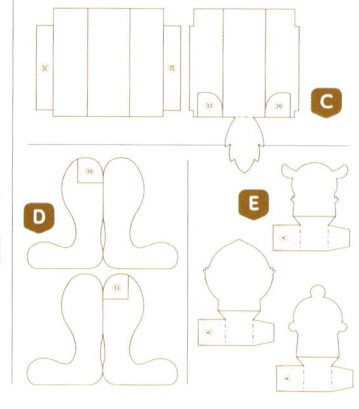

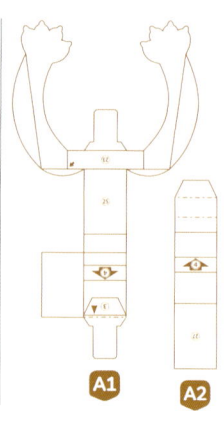

만드는 법

1　A로 팔 부분을 만든다

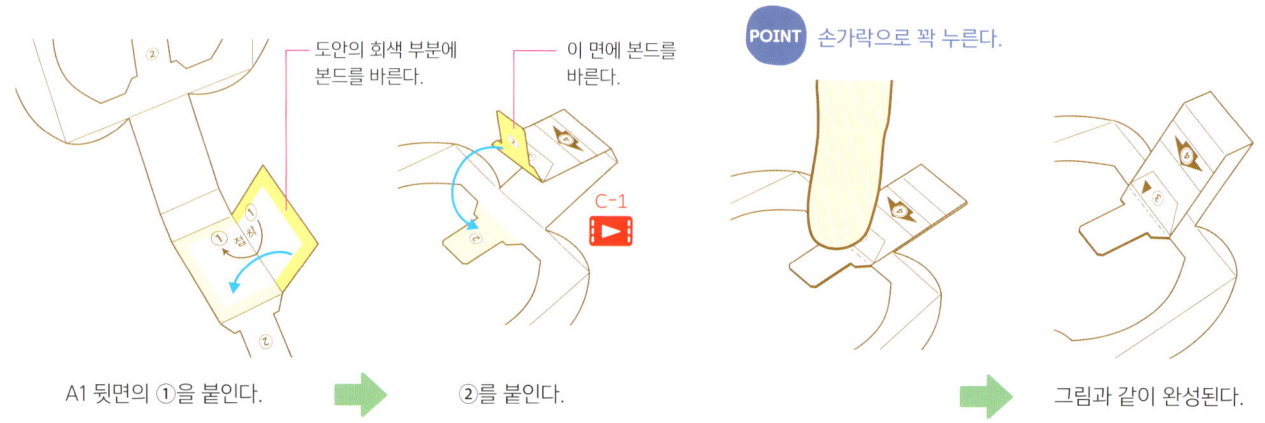

도안의 회색 부분에
본드를 바른다.

이 면에 본드를
바른다.

POINT 손가락으로 꽉 누른다.

A1 뒷면의 ①을 붙인다.　➡　②를 붙인다.　➡　그림과 같이 완성된다.

POINT 본드가 튀어나오지 않도록!

이 면에 본드를
바른다.

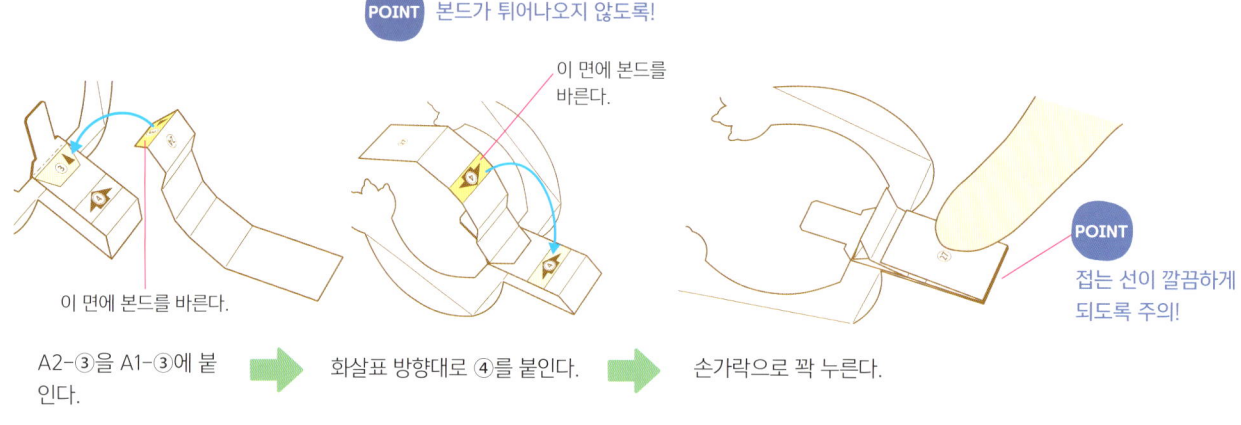

이 면에 본드를 바른다.

POINT
접는 선이 깔끔하게
되도록 주의!

A2-③을 A1-③에 붙　➡　화살표 방향대로 ④를 붙인다.　➡　손가락으로 꽉 누른다.
인다.

2　B로 머리를 만든다

POINT 위치에 주의!

이 면을 안쪽으로
넣는다.

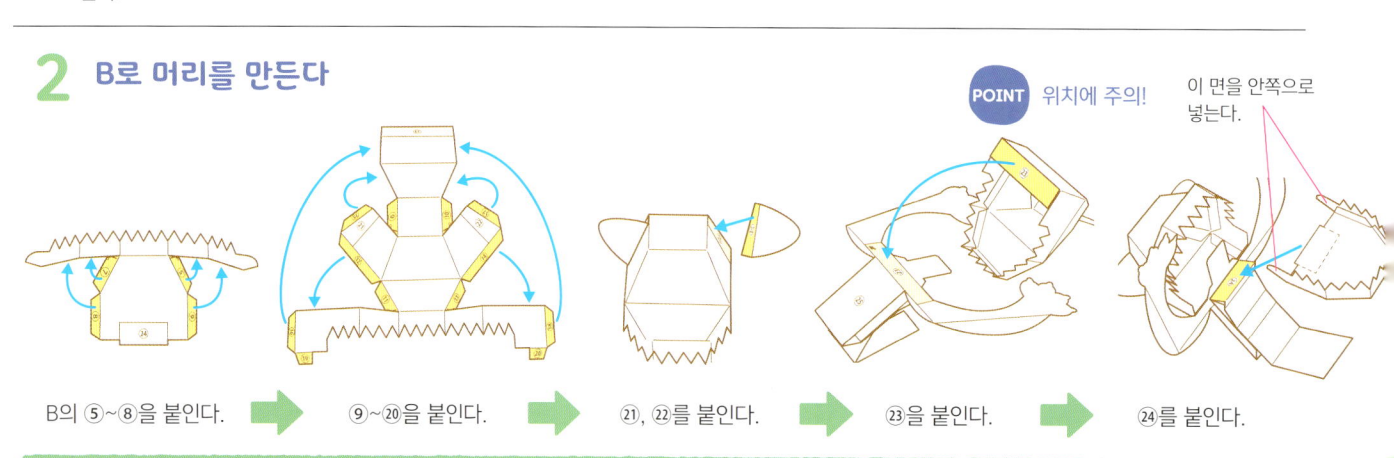

B의 ⑤~⑧을 붙인다.　➡　⑨~⑳을 붙인다.　➡　㉑, ㉒를 붙인다.　➡　㉓을 붙인다.　➡　㉔를 붙인다.

본드가 완전히 마르면
더 자유롭게 움직여요!

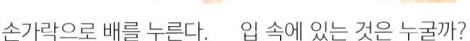

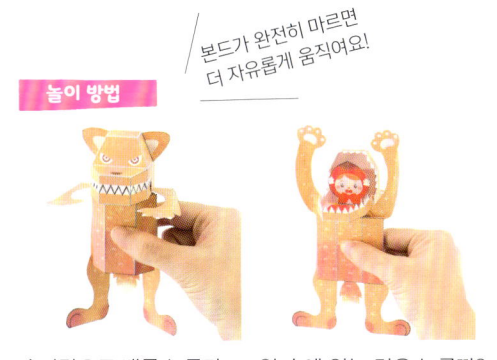

놀이 방법

손가락으로 배를 누른다.

입 속에 있는 것은 누굴까?

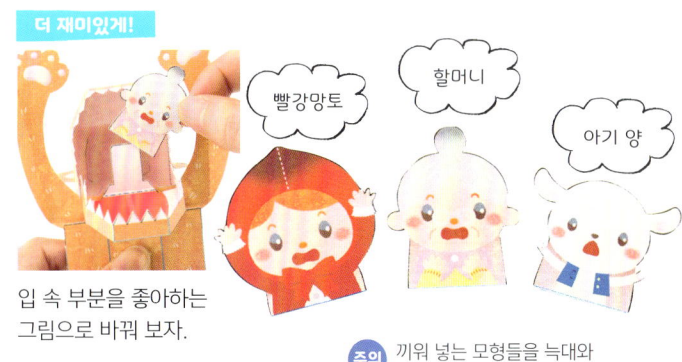

더 재미있게!

빨강망토

할머니

아기 양

입 속 부분을 좋아하는
그림으로 바꿔 보자.

주의 끼워 넣는 모형들을 늑대와
본드로 붙이지 않는다.

---

3 C로 몸을 만든다

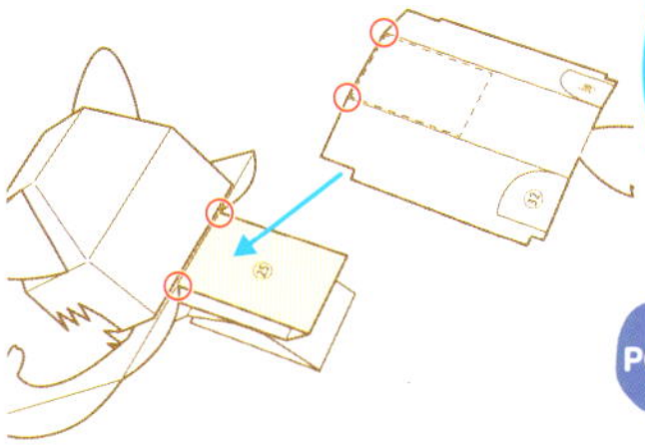

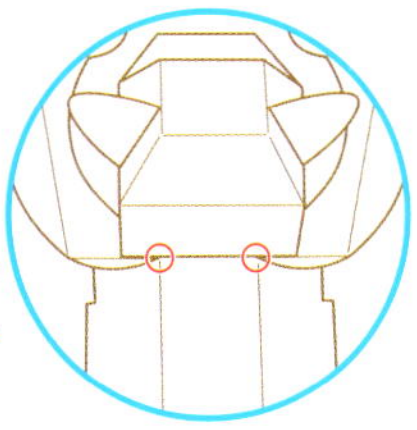

POINT ○ 부분을 잘 맞춘다.

POINT 점선 위치에 일직선으로 잘 맞춰서 붙인다.

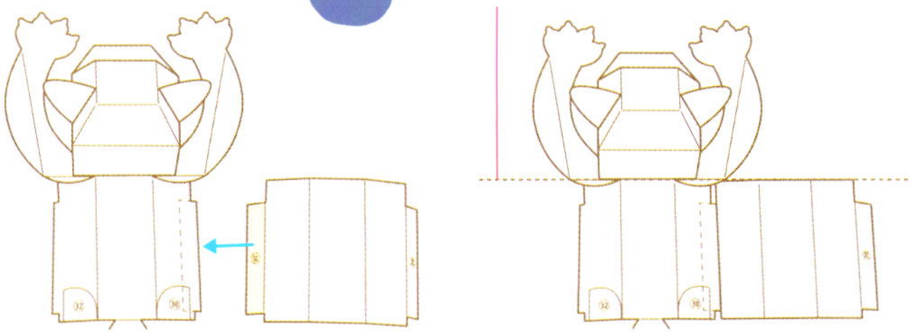

C-㉕를 A1-㉕에 붙인다.

㉖을 붙인다.

이 면에 본드를
바른다.

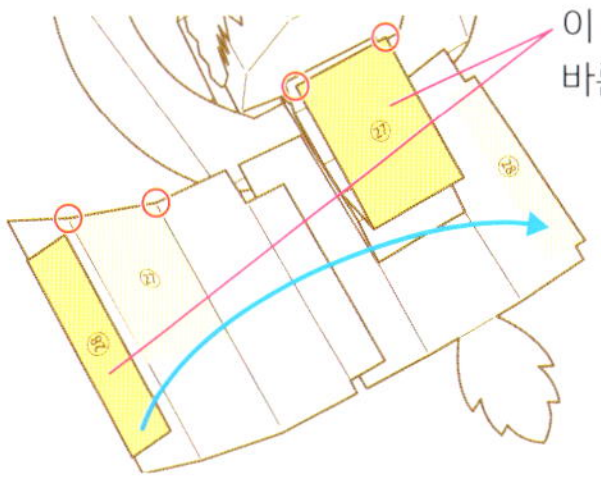

㉗, ㉘에 본드를 바른다. 오른쪽 그림을
참고하여 위치를 맞춘다.

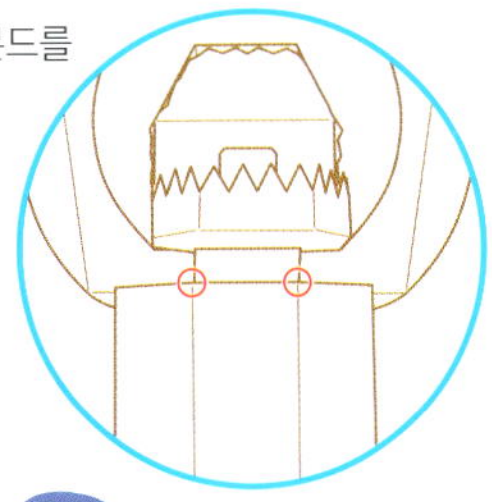

POINT ○ 부분을 잘 맞춘다.

4 D로 다리를 만든다

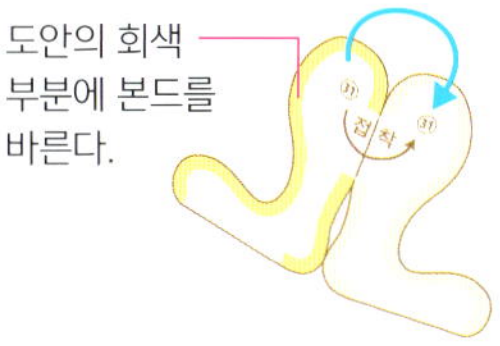

도안의 회색
부분에 본드를
바른다.

㉙, ㉛을 각각 붙인 뒤
몸통의 ㉚, ㉜에 붙인다.

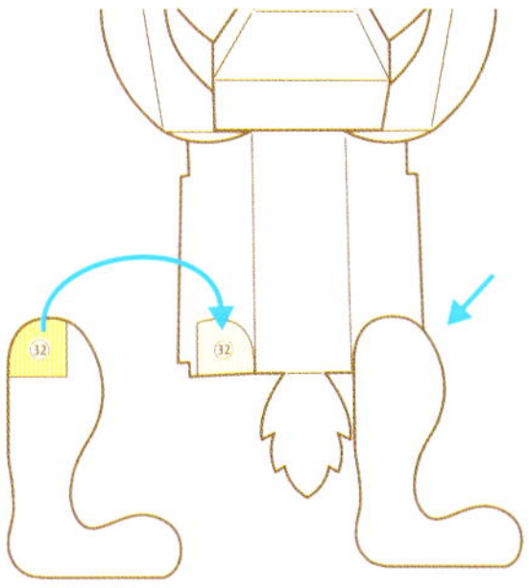

---

5 고무줄을 걸어 준다 C-2

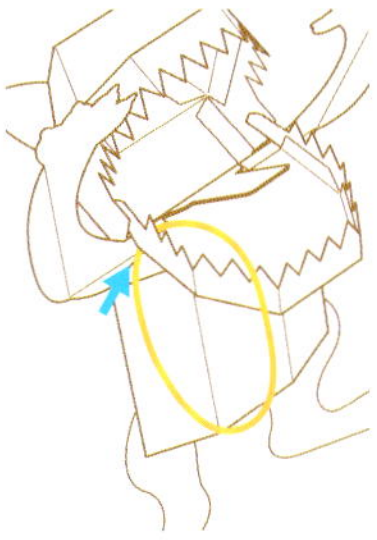

턱 아래부터 고무줄을
끼운다.

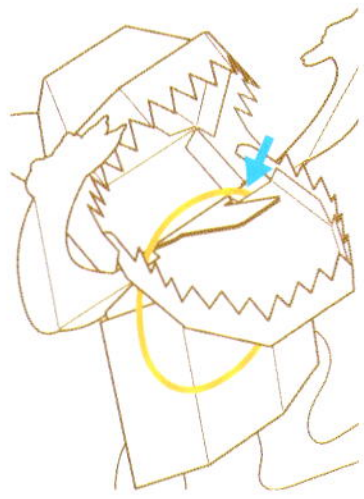

반대쪽 틈으로 고무줄을
통과시킨다.

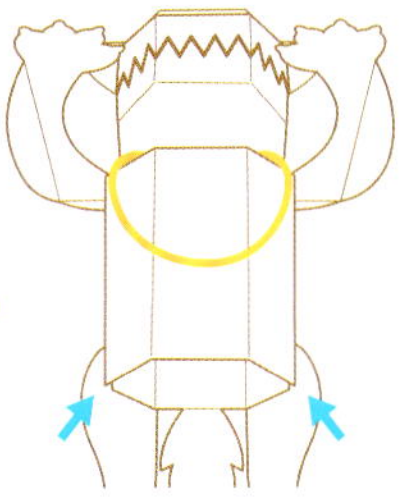

화살표의 위치에 고무줄을
끼워 걸어 준다.

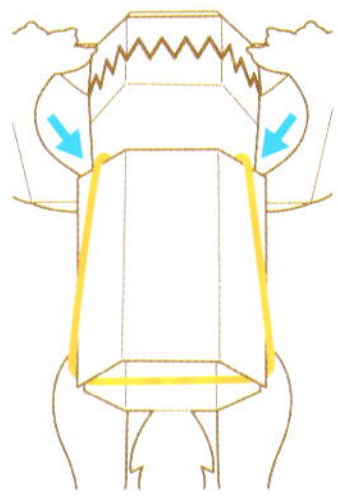

화살표 부분의 어깨가 갈라지는
부분에 고무줄을 끼워 걸어 준다.

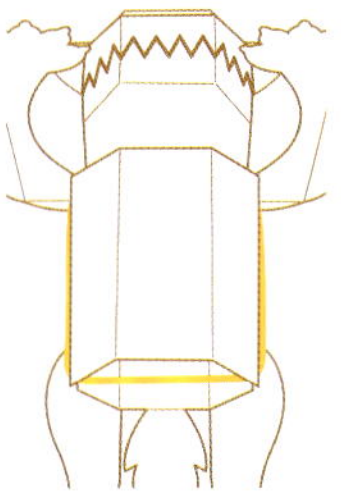

입과 몸에 걸리면
완성!

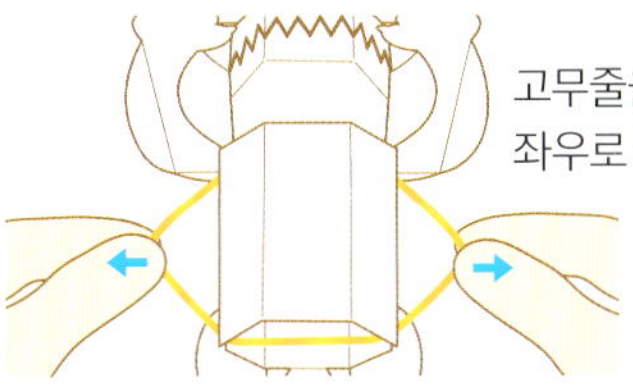

고무줄을 가볍게
좌우로 당긴다.

6 E로 입 안을
만든다

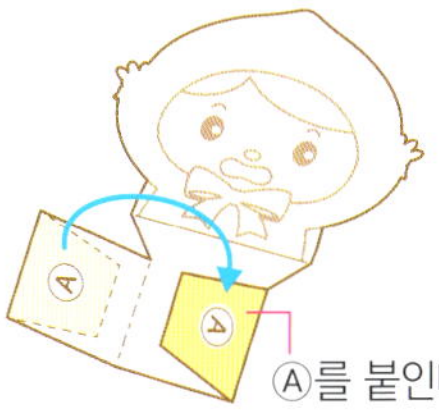

이 면에 본드를 바른다.

Ⓐ를 붙인다.

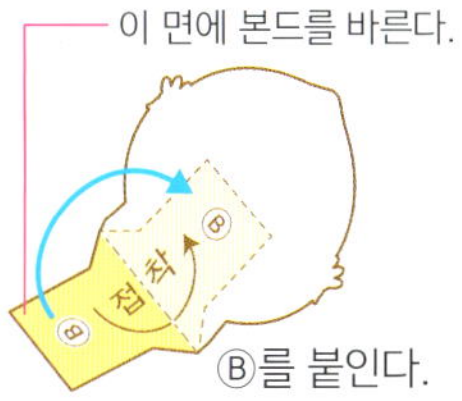

Ⓑ를 붙인다.

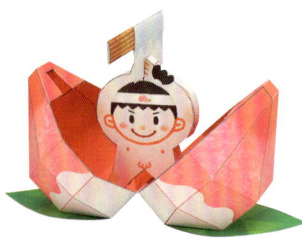

복숭아소년

난이도 ★★ 도안 55~58쪽

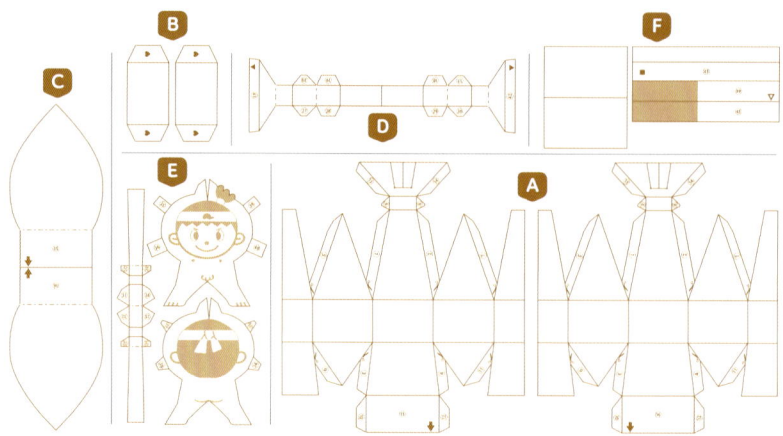

필요한 도구

칼, 가위, 송곳,
자, 목공본드,
이쑤시개, 핀셋,
50원 동전 2개,
셀로판테이프

준비

· 접는 선에 금을 긋는다.
· 모든 도안을 잘라 낸다.
· 산접기, 계곡접기의 지시
  대로 접는다.

자세한 것은 14~15쪽의
만들기 방법을 보세요!

만드는 법

1 A~C로 복숭아를 만든다

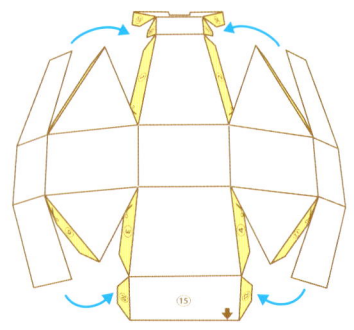

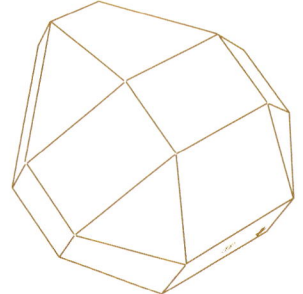

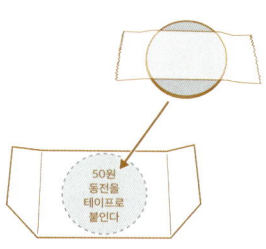

A의 ①~⑭를 순서대로 붙인다.

복숭아의 반쪽 모양이 만들어진다.

B에 셀로판테이프로 50원 동전을 붙인다.

50원 동전을 테이프로 붙인다

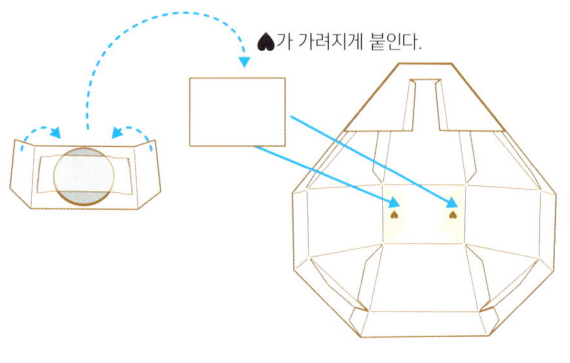

♠가 가려지게 붙인다.

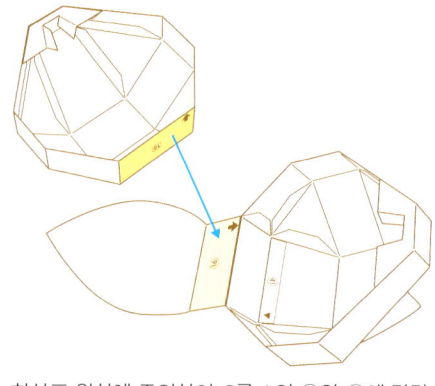

B의 양쪽을 접어서 ♠ 부분에 본드를 바르고, A의 ♠에 맞춰 붙인다. 같은 모양으로 두 개를 만든다.

화살표 위치에 주의하여 C를 A의 ⑮와 ⑯에 각각 붙인다.

2 D, E로 복숭아소년을 만든다

D-1   D-2

POINT ○ 부분을 확실하게 맞춘다.

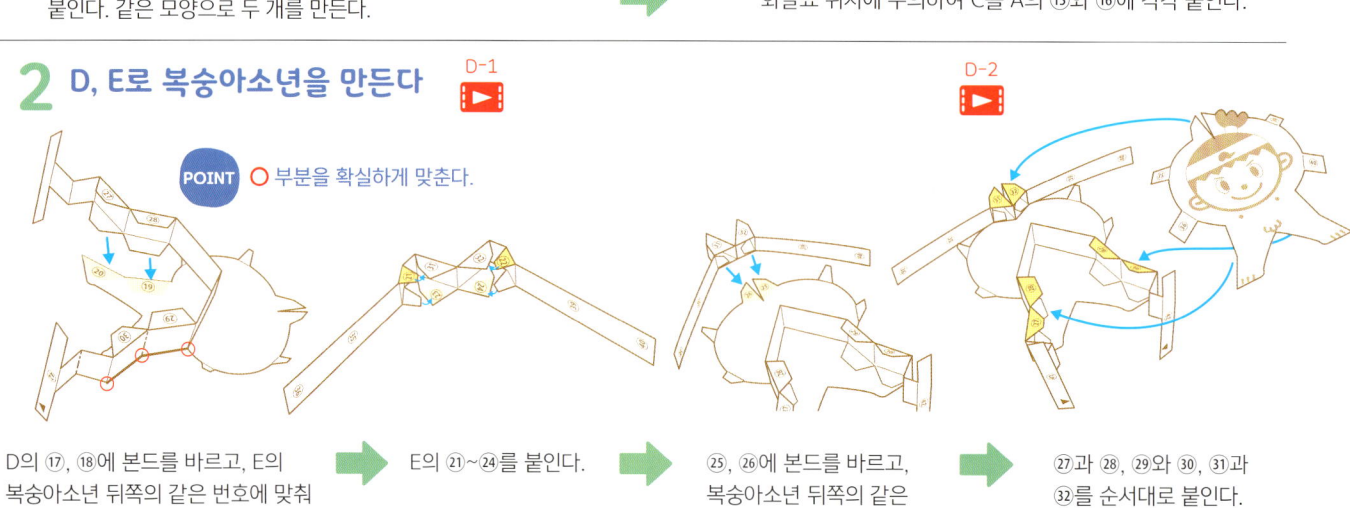

D의 ⑰, ⑱에 본드를 바르고, E의 복숭아소년 뒤쪽의 같은 번호에 맞춰 붙인다. 마찬가지로 ⑲, ⑳도 붙인다.

E의 ㉑~㉔를 붙인다.

㉕, ㉖에 본드를 바르고, 복숭아소년 뒤쪽의 같은 번호에 붙인다.

㉗과 ㉘, ㉙와 ㉚, ㉛과 ㉜를 순서대로 붙인다.

놀이 방법

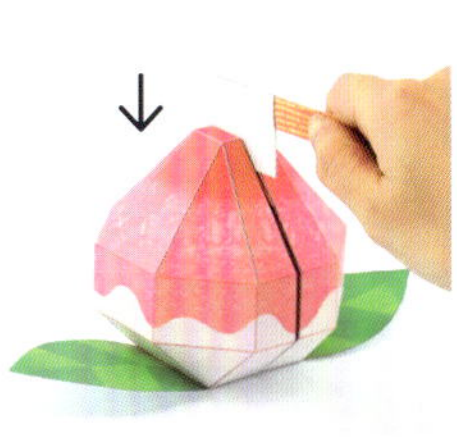

복숭아가 갈라진 쪽을 위로 놓고 칼을 살짝 눌러 꽂는다.

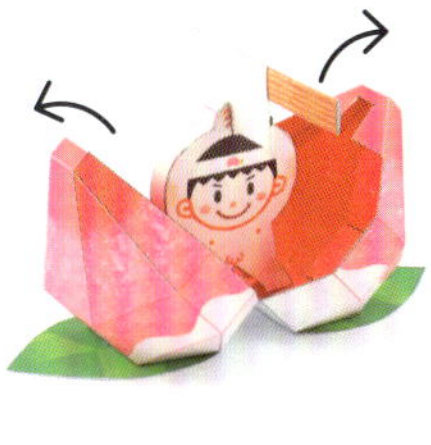

복숭아가 쪼개지면서 날카로운 칼을 두 손으로 잡은 복숭아소년이 등장!

처음으로 되돌리기 복숭아소년이 등장한 상태에서 다시 조립해도 된다.

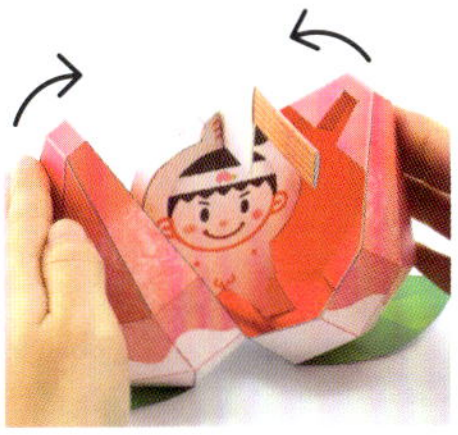

복숭아를 닫는다.

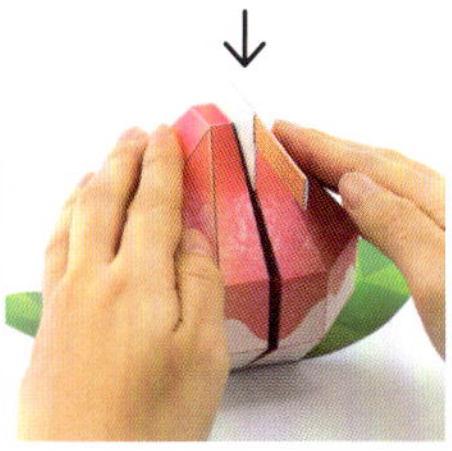

칼을 손가락으로 누르면, 복숭아소년의 손 사이에 복숭아의 윗부분이 걸린다.

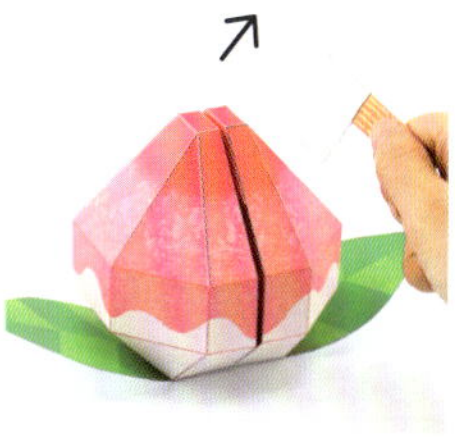

이 상태에서 칼을 뺀다.

POINT 핀셋을 사용하여 붙어 있는 부분을 단단하게 누른다.

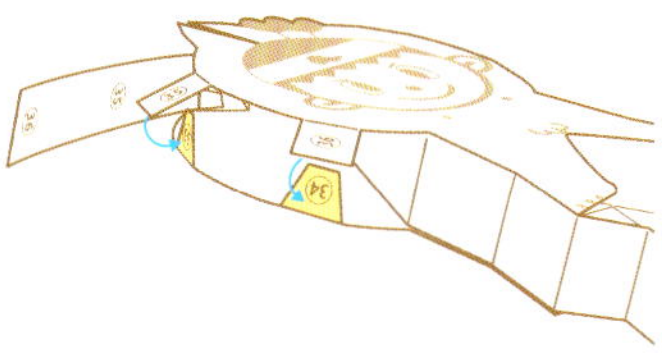

㉝과 ㉞를 붙인다.

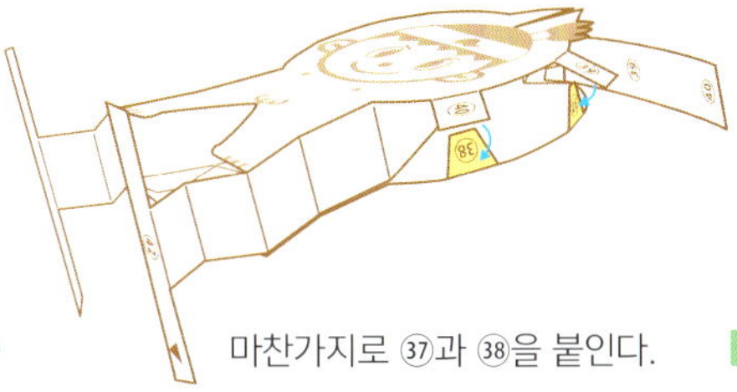

마찬가지로 ㊲과 ㊳을 붙인다.

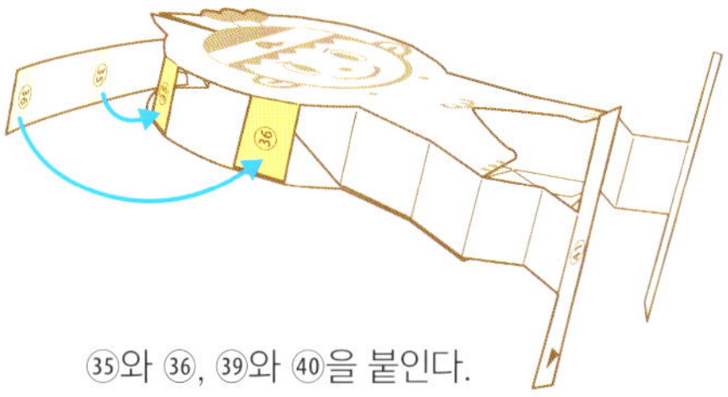

㉟와 ㊱, ㊴와 ㊵을 붙인다.

3 복숭아에 복숭아소년을 붙인다

D-3

POINT 접는 부분의 각을 잘 맞춘다.

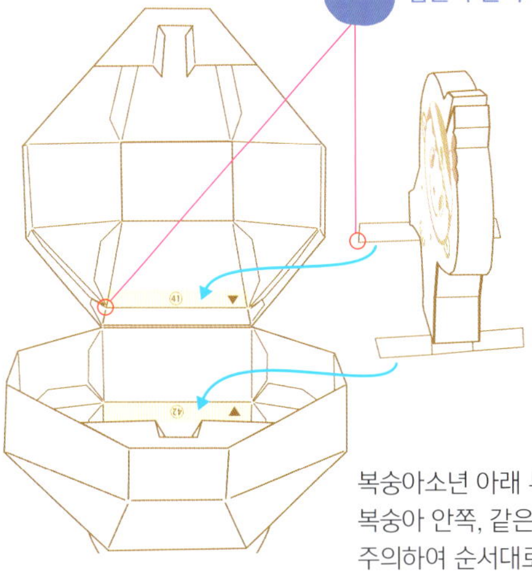

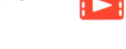

복숭아소년 아래 부분의 ㊶과 ㊷를 복숭아 안쪽, 같은 번호의 위치에 주의하여 순서대로 붙인다.

4 F로 칼을 만든다

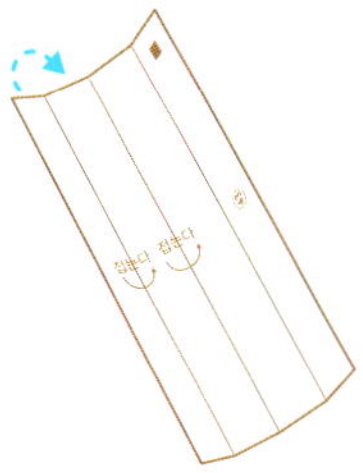

두 번 접어 뒤집어서 꺾는다.

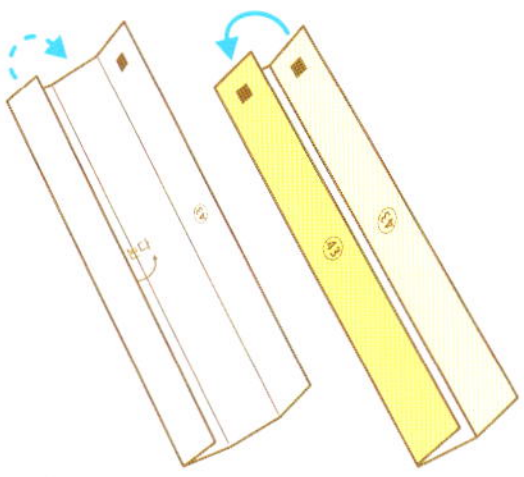

㊸을 붙인다.

POINT ○ 부분을 정확하게 맞춘다.

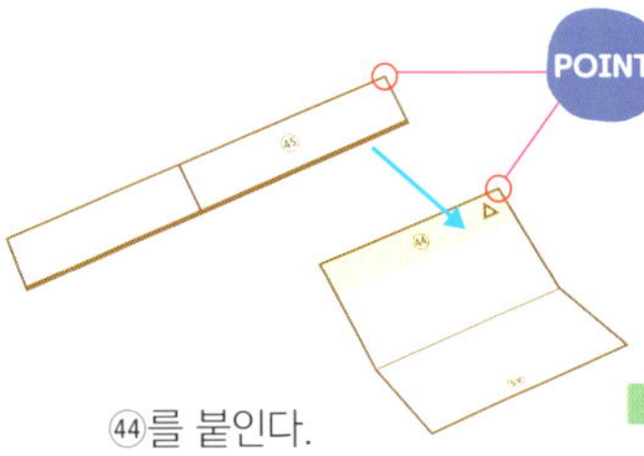

㊹를 붙인다.

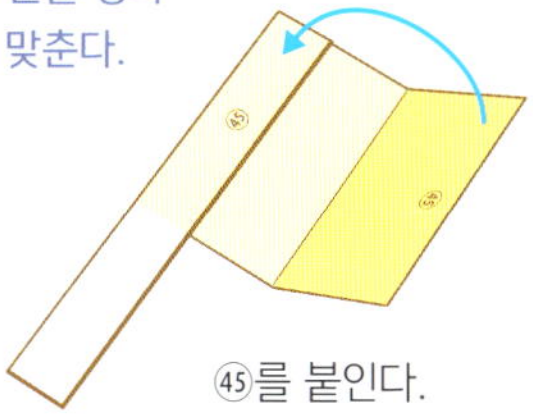

㊺를 붙인다.

복숭아 끼우기

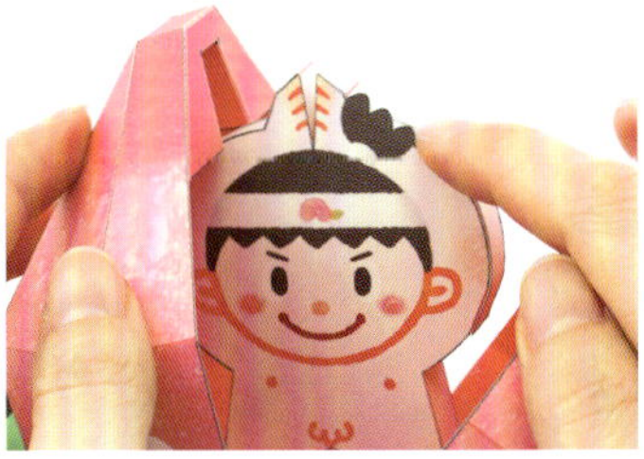

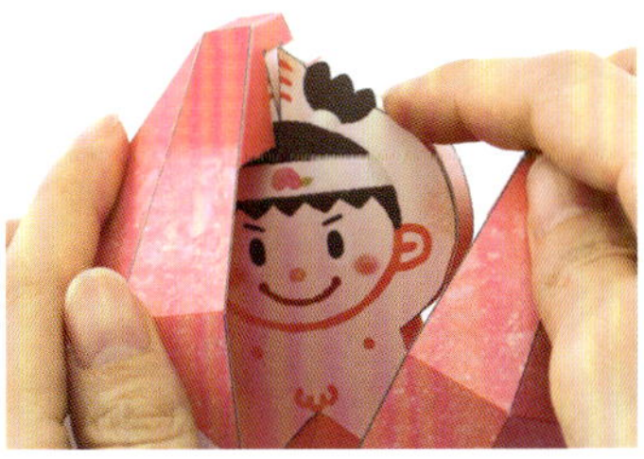

복숭아소년 손의 갈라진 틈에 복숭아를 끼워서 닫는다.

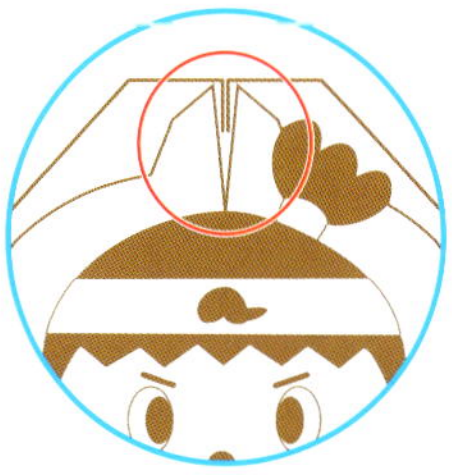

그림과 같이 복숭아소년의 손 사이에 복숭아 윗부분이 꽂히며 걸린다.

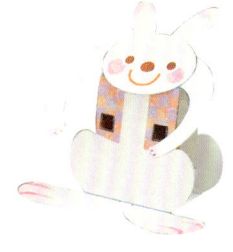

텀블링 토끼

난이도 ★   도안 59~60쪽

필요한 도구

칼, 가위, 송곳,
자, 목공본드,
이쑤시개, 핀셋,
고무줄 지름 4cm 1개,
셀로판테이프

준비

· 접는 선에 금을 긋는다.
· 모든 도안을 잘라 낸다.
· 산접기, 계곡접기의 지시대로 접는다.

> 자세한 것은 14~15쪽의
> 만들기 방법을 보세요!

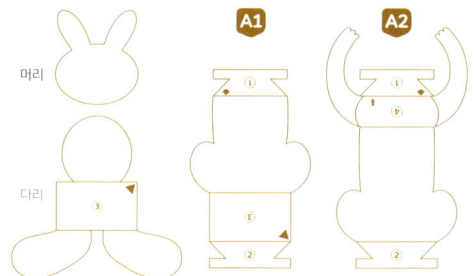

머리   A1   A2

다리

만드는 법

1 A로 몸을 만든다

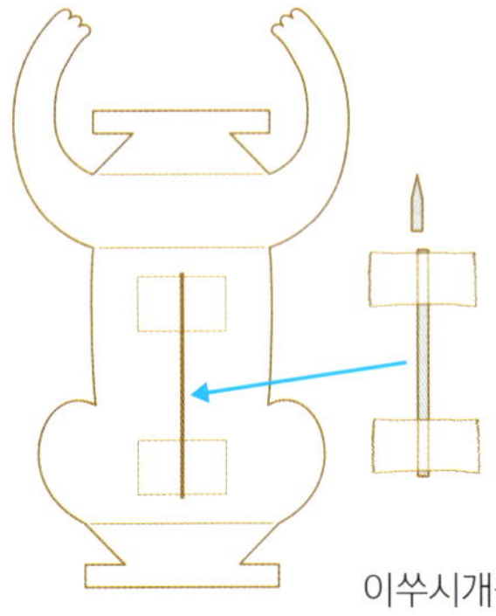

이쑤시개를 도안의 표시에
맞춰서 5cm의 길이로 자르고, A2 뒷면의 표시
부분과 맞춰서 테이프로 붙여 준다.

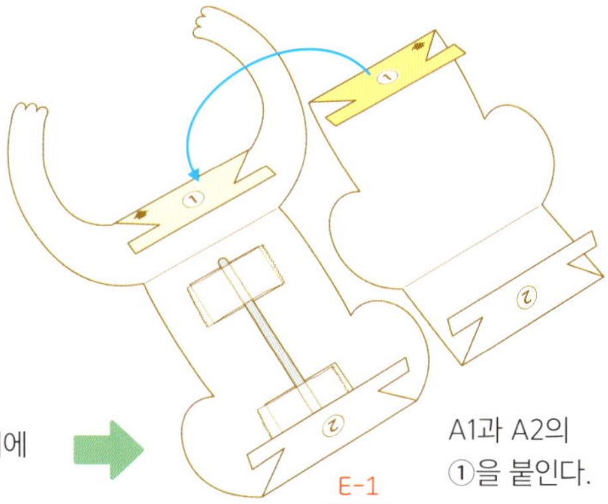

POINT 위쪽부터 단단하게 눌러서
패턴이 완성되도록 붙여 준다.

E-1

A1과 A2의
①을 붙인다.

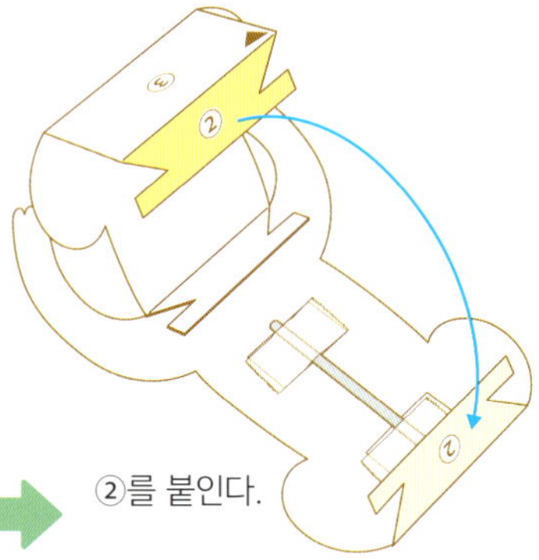

②를 붙인다.

2 몸에 다리와 머리를 붙인다

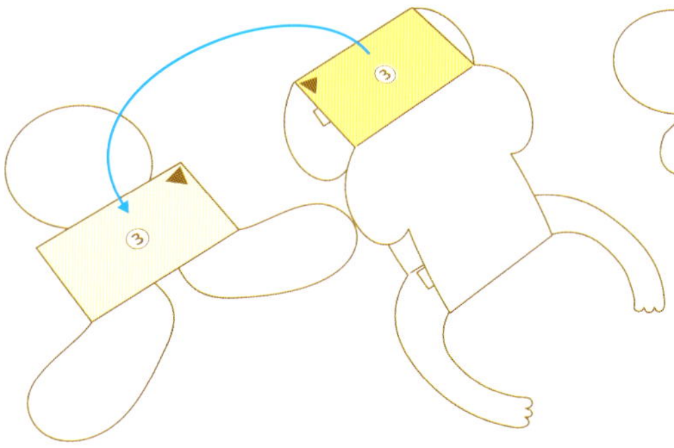

③을 붙인다. 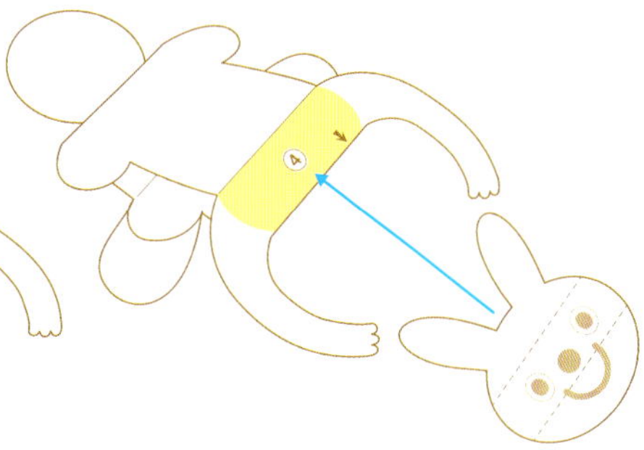   ④를 붙인다.

3 고무줄을 걸어 준다

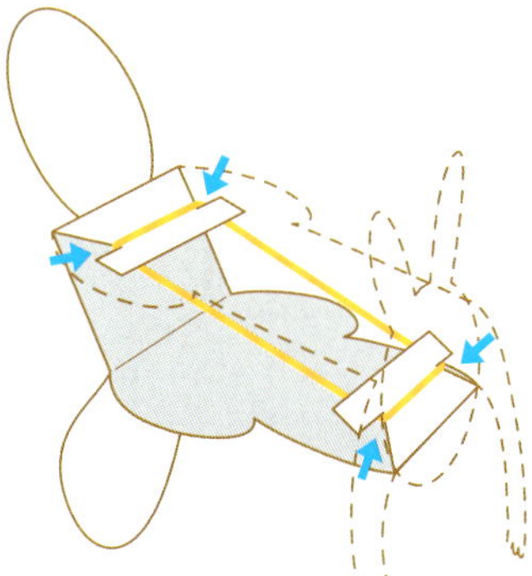

화살표 위치에 고무줄을
걸어 준다.

놀이 방법

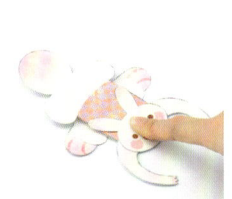

머리를 앞쪽으로 당겨
누른다.

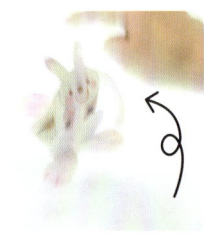

손가락을 재빨리 뗀다.

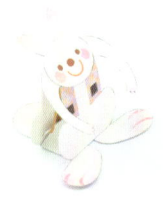

토끼가 뒤로 텀블링하며
착지한다.

POINT 착지를 잘 하지 못할 때는, 장소를 바꿔
보거나 바닥에 종이 한 장을 깔아 준다.

26

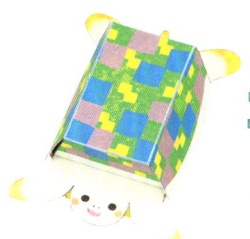

점프 거북

난이도 ★　도안 59~60쪽

필요한 도구

칼, 가위, 송곳,
자, 목공본드,
이쑤시개, 핀셋,
50원 동전 1개,
고무줄 지름 4cm 1개,
셀로판테이프

준비

· 접는 선에 금을 긋는다.
· 모든 도안을 잘라 낸다.
· 산접기, 계곡접기의 지시대로 접는다.

자세한 것은 14~15쪽의
만들기 방법을 보세요!

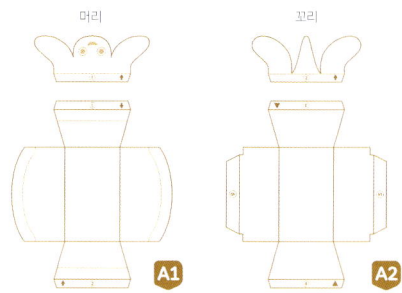

머리　꼬리

A1　A2

만드는 법

1 등딱지의 위아래를 연결한다

F-1

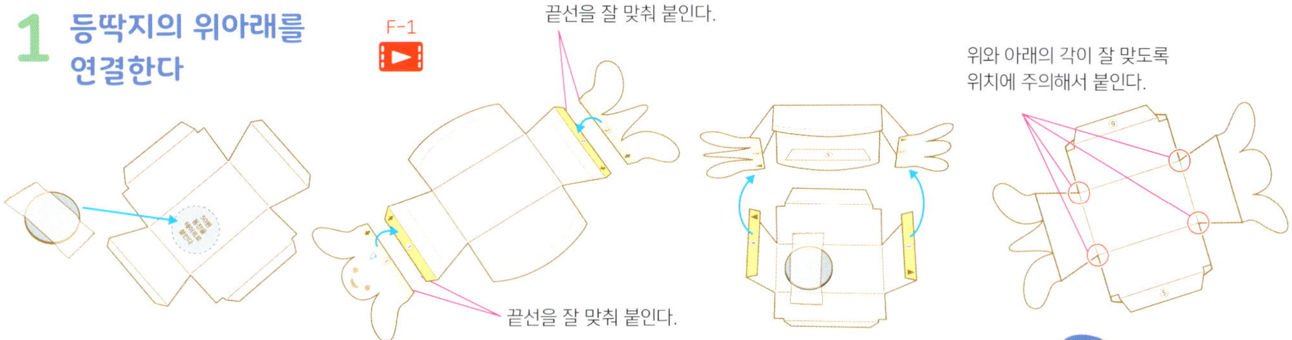

끝선을 잘 맞춰 붙인다.

위와 아래의 각이 잘 맞도록
위치에 주의해서 붙인다.

끝선을 잘 맞춰 붙인다.

50원 동전을 A2 뒷면의 표시된
위치에 셀로판테이프로 붙인다.

머리 ①과 꼬리 ②를
A1 몸통에 붙인다.

③과 ④를 붙인다.

POINT 꽉 누른다.

---

2 몸을 완성한다

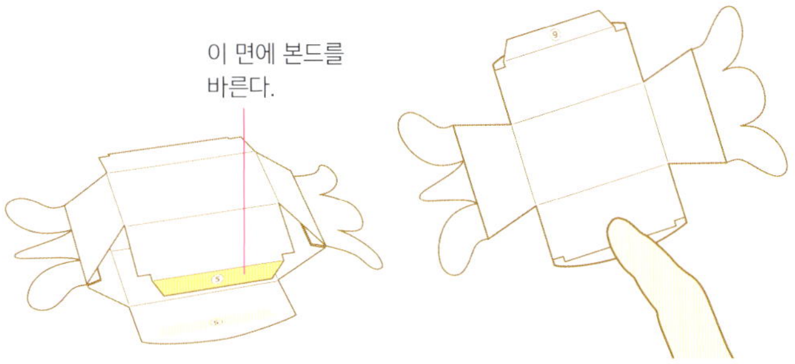

이 면에 본드를
바른다.

⑤와 ⑥을 붙인다.

붙인 부분을 손가락으로
꽉 눌러 준다.

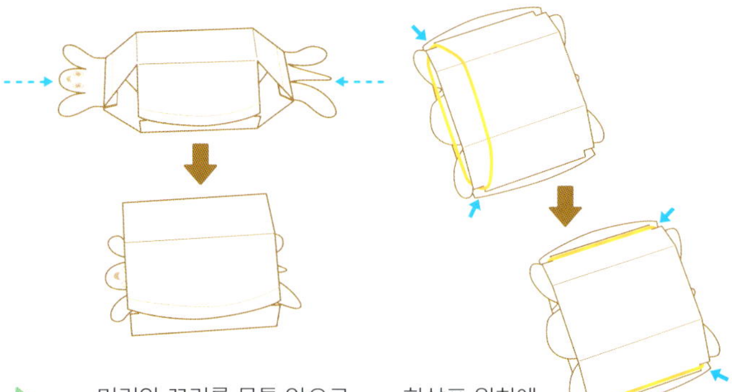

머리와 꼬리를 몸통 안으로
밀어 넣는다.

3 고무줄을 걸어 준다

화살표 위치에
고무줄을 끼워
걸어 준다.

놀이 방법 ①

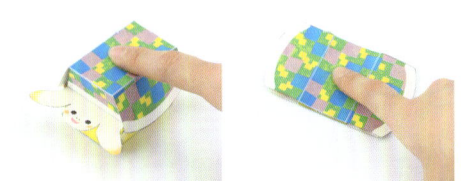

등딱지를 누르면, 머리와 손발을 집어 넣는다.

놀이 방법 ②

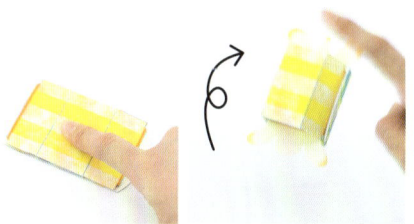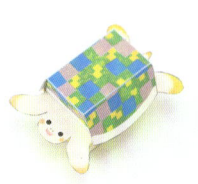

뒤집어서 손가락으로
누른다.

손가락을 재빨리 뗀다.

거북이 점프하며 뒤집힌다.

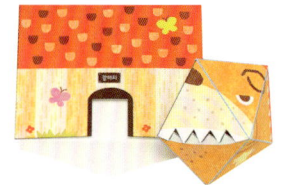

무서운 봉투

난이도 ★ 도안 61~62쪽

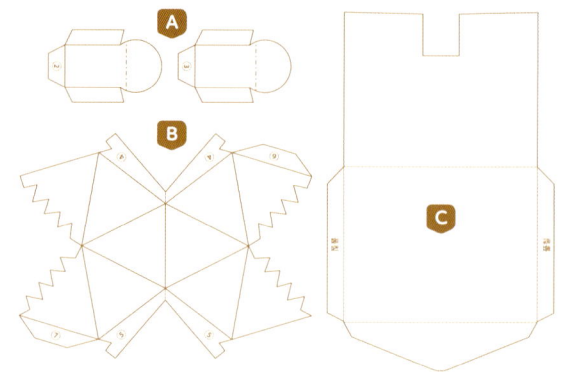

필요한 도구

칼, 가위, 송곳,
자, 목공본드,
이쑤시개, 핀셋,
고무줄 지름 4cm 2개
또는 지름 3cm 1개

준비

· 접는 선에 금을 긋는다.
· 모든 도안을 잘라 낸다.
· 산접기, 계곡접기의 지시대로 접는다.

자세한 것은 14~15쪽의
만들기 방법을 보세요!

만드는 법

1 A로 혀를 만든다

G-1

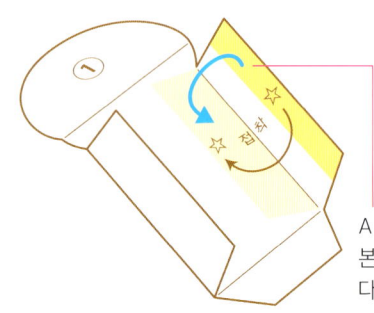

A 도안 각각의 회색 부분에
본드를 바르고, 접어서 붙인
다.(두 개를 만든다.)

POINT 겹쳐졌을 때에 풀칠 부분이
잘 맞아야 한다.

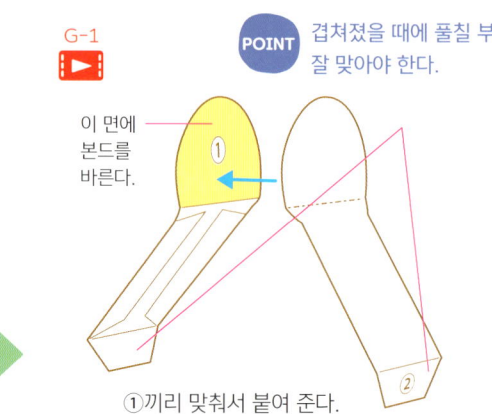

이 면에
본드를
바른다.

①끼리 맞춰서 붙여 준다.

2 B로 개를 만든다

G-2

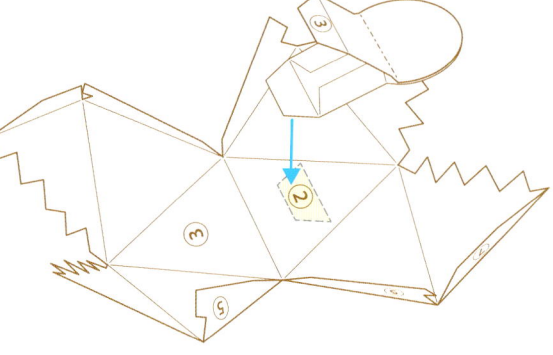

A-②를 B-②에 붙인다.

이 부분에 본드를 바
르고, 개의 얼굴을 반
으로 접어서 모양을
맞춰 붙인다.

POINT 붙인 부분을 손가락으로
꽉 눌러 준다.

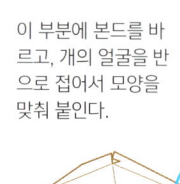

③을 붙인다.

POINT ④ 이외의 부분에 본드가
묻지 않도록 주의!

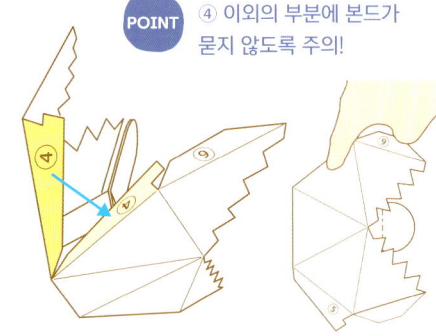

평평한 곳에 놓고,
붙인 부분을 손가락으로
꽉 눌러 준다.

④를 붙인다.

POINT ⑤ 이외의 부분에 본드가
묻지 않도록 주의!

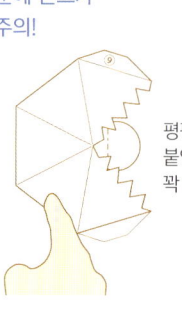

평평한 곳에 놓고,
붙인 부분을 손가락으로
꽉 눌러 준다.

⑤를 붙인다.

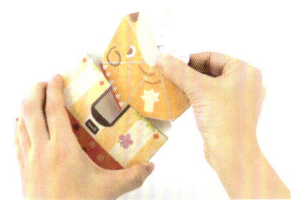
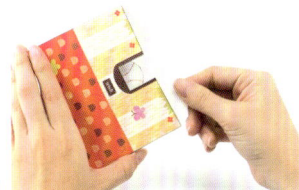
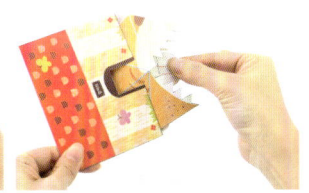

개를 납작하게 눌러 봉투에 넣는다. 사진과 같이 봉투의 양쪽 모서리를 가볍게 누르고, 봉투의 입을 벌리면 넣기 쉽다.

개가 보이지 않도록 안쪽으로 넣는다.

놀라게 하고 싶은 사람에게 봉투를 주고, 야구공을 잡아당기게 한다. 그 순간 개가 손가락을 꽉!

3 고무줄을 걸어 준다

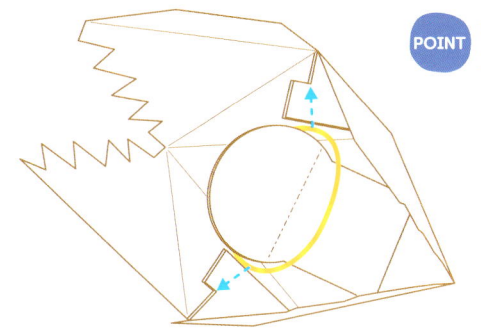

POINT 핀셋을 사용하면 고무줄을 걸기 쉽다.

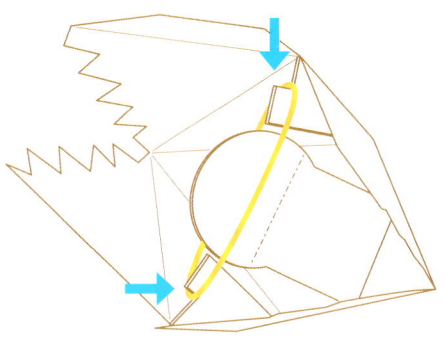

고무줄을 그림과 같이 걸어 준다. 지름 3cm 고무줄이면 1개, 지름 4cm 고무줄이면 2개를 건다.

화살표의 위치에 고무줄을 건다.

4 마무리한다

평평한 곳에 놓고, 붙인 부분을 손가락으로 꽉 눌러 준다.

⑥을 붙인다.

평평한 곳에 놓고, 붙인 부분을 손가락으로 꽉 눌러 준다.

⑦을 붙인다.

5 C로 봉투를 만든다

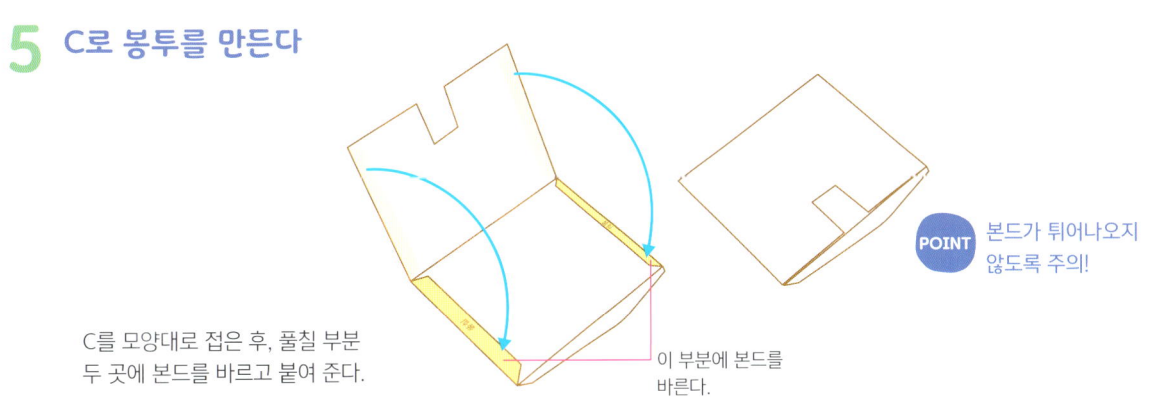

C를 모양대로 접은 후, 풀칠 부분 두 곳에 본드를 바르고 붙여 준다.

이 부분에 본드를 바른다.

POINT 본드가 튀어나오지 않도록 주의!

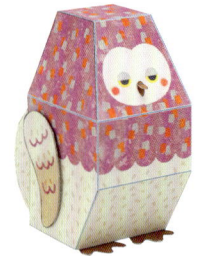

오뚜기 올빼미

난이도 ★★　　도안 63~64쪽

도안 63~64쪽

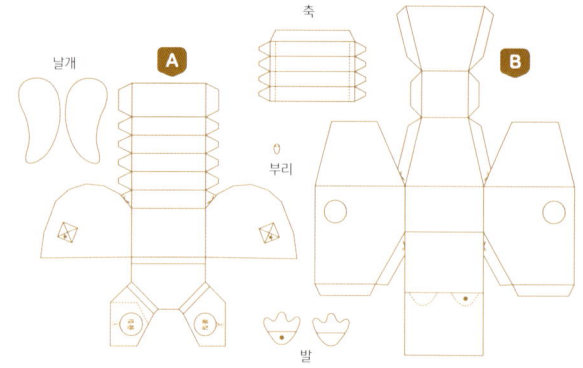

필요한 도구

칼, 가위, 송곳,
자, 목공본드,
이쑤시개, 핀셋,
50원 동전 2개,
셀로판테이프

준비

· 접는 선에 금을 긋는다.
· 모든 도안을 잘라 낸다.
· 산접기, 계곡접기의 지시대로 접는다.

자세한 것은 14~15쪽의
만들기 방법을 보세요!

만드는 법

1 A로 뒷면을 만든다

POINT 동전이 떨어지지 않도록 주의!

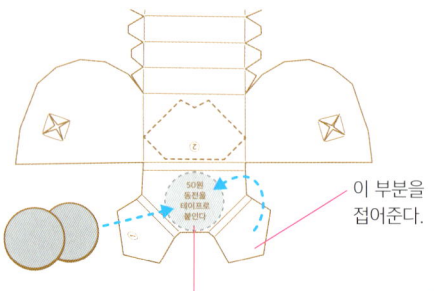

50원 동전 두 개를 겹쳐서 붙인다.

이 부분을
접어준다.

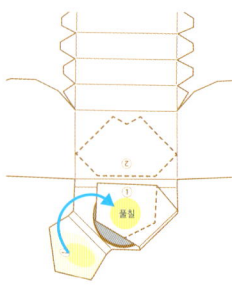

풀칠 부분에 본드를 바르고
①을 붙인다.

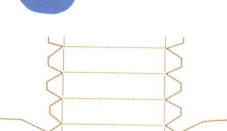
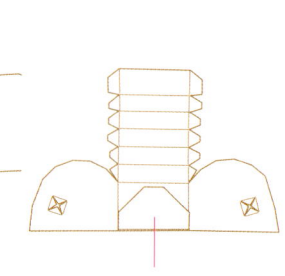

풀칠 부분에 본드를
바르고 ②를 붙인다.

동전이 안에 들어 있어서
보이지 않음.

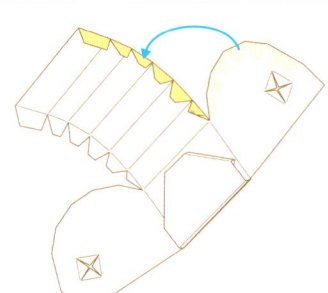

★ 표시의 절취선이 확실히 잘려 있는 것을 확인한 다음,
모양대로 한쪽씩 주의하여 붙인다.

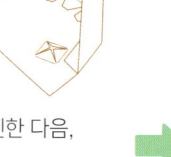
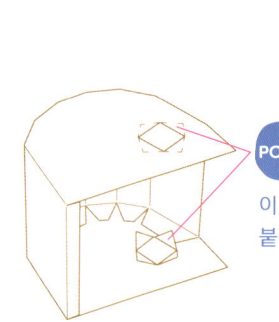

POINT

이 부분을 확실하게 안쪽으로 접어 놓는다.
붙이지 않도록 주의!

2 뒷면에 축을 넣는다

POINT 도안의 핑크색 점선을 뒤쪽의 구멍에
맞춰 끼워 넣는다.

H-1

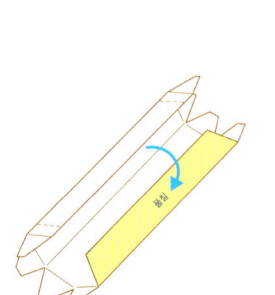

축은 풀칠 부분에 본드를
발라서 사각기둥 모양으로
만든다.

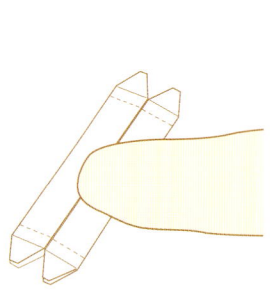

접착이 잘되도록 손가락
으로 꾹 눌러 준다.

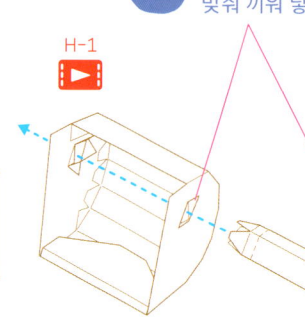

뒷면 쪽에 축을 넣는다.
잘린 종이가 안쪽에 위치
하게 넣는다.

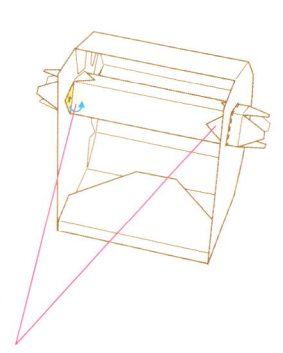

붉은 점선에 맞춰 축을 두고
★ 표시에 본드를 바른 후,
축에 붙인다.(좌우 1개씩)

놀이 방법 ①

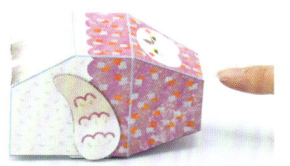

머리를 손가락으로 살짝 밀면
일어난다.

놀이 방법 ②

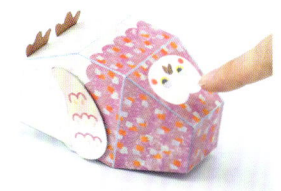

머리를 손가락으로 누르고 있다가
살짝 떼면 일어난다.

3 B로 몸을 만든다

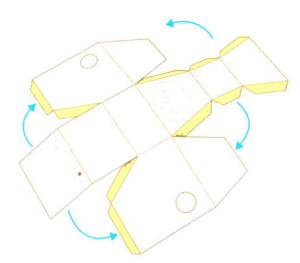

각각의 풀칠 부분에 본드를 바르고 잘 맞춰
붙여서 몸을 조립한다.

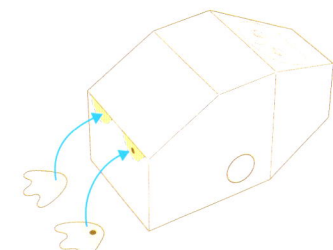

좌우를 똑같이 ● 표시에 맞춰서 발을 붙인다.

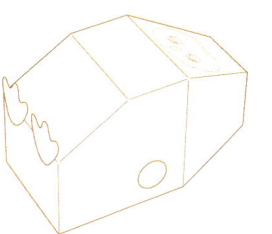

부리는 적당한 위치에 붙인다.
크기가 작으므로 잃어버리지 않게
주의한다.

4 몸에 뒷면을 붙이고 날개를 만든다

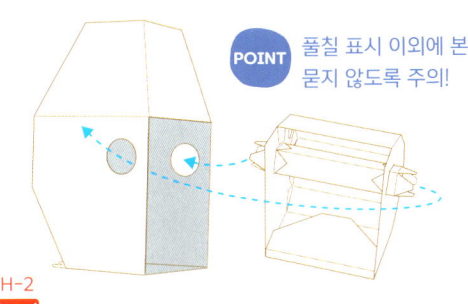

POINT 풀칠 표시 이외에 본드가
묻지 않도록 주의!

H-2

방향에 주의하여, 축을 몸 부분의
구멍에 끼운다.

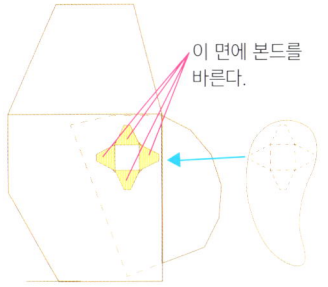

이 면에 본드를
바른다.

올빼미를 세운 상태로, 축의 튀어 나온 부분의 파란 점선에 맞춰 두고 풀칠
부분에 본드를 바르고 좌우 날개를 붙인다. 각도가 좀 다르게 붙어도 괜찮다.

세팅 방법

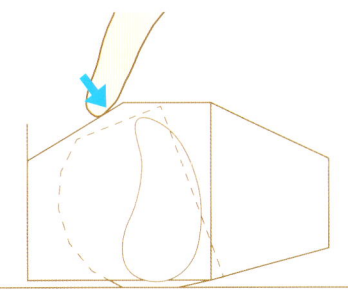

평평한 테이블 위에 올빼미를 눕히면서,
위에서 손가락으로 배를 누른다.

올빼미가 누워 있는 상태가 되는
포인트에서 멈춘다.

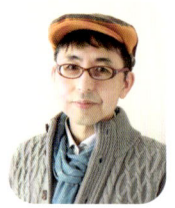

지은이 **나카무라 하루키** 中村開己

페이퍼 크리에이터. 27세에 페이퍼 크래프트의 즐거움을 발견하고, 2000년 무렵부터 본격적으로 페이퍼 크리에이터로 활동을 시작했습니다. 2003년 아트마켓에 참가하면서 사람들에게 무언가를 알리는 것에 대한 즐거움을 깨닫고 작품을 바꾸어 '한번 보면 절대 잊을 수 없는 작품 만들기', '사람을 즐겁게'를 콘셉트로 작품 활동을 하고 있습니다. 2008년부터 페이퍼 토이 전업 작가로 독립하여 작품 활동에만 매진하고 있습니다. 주요 저서로 《종이공작 종이접기》,《종이공작 종이접기 컬렉션》,《움직인다! 마법의 종이 크래프트 동물 종이접기》 등이 있습니다.

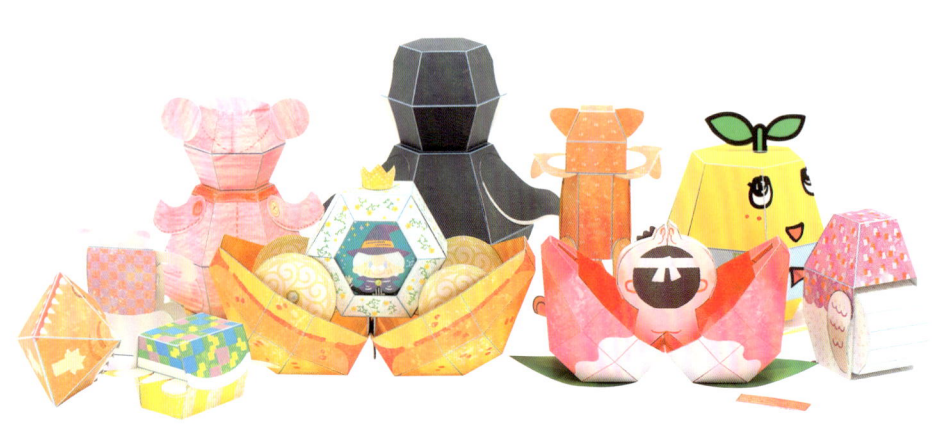

움직이는 페이퍼 토이 ❶
점프하고, 구르고, 변신하는 캐릭터

나카무라 하루키 지음 | 이정아 옮김

1판 1쇄 펴낸날 2018년 4월 16일 | **1판 5쇄 펴낸날** 2021년 1월 26일
펴낸이 이충호 | **펴낸곳** 길벗어린이㈜ | **등록번호** 제10-1227호 | **등록일자** 1995년 11월 6일
주소 04000 서울시 마포구 월드컵북로 45 에스디타워비엔씨 2F
대표전화 02-6353-3700 | **팩스** 02-6353-3702 | **홈페이지** www.gilbutkid.co.kr
편집 송지현 임하나 이현성 황설경 문서현 | **디자인** 이지아 김연수 송윤정
마케팅 호종민 김서연 황혜민 강경선
총무·제작 임희영 최유리 김정숙
ISBN 978-89-5582-450-6 14630 | 978-89-5582-449-0(세트)

KAMI NO KARAKURI KAMIKARA DE ASOBO! by Haruki Nakamura
Copyright ⓒ Haruki Nakamura 2016
All rights reserved.
First published in Japan by NIHONBUNGEISHA, Co., Ltd., Tokyo
Korean edition copyright ⓒ 2018 by Gilbut Children Publishing Co., Ltd.
This Korean edition published by arrangement with NIHONBUNGEISHA Co., Ltd., Tokyo
in care of Tuttle-Mori Agency, Inc., Tokyo through AMO Agency, Seoul.

④

Ⓐ

⑥

⑥

⑧

⑦

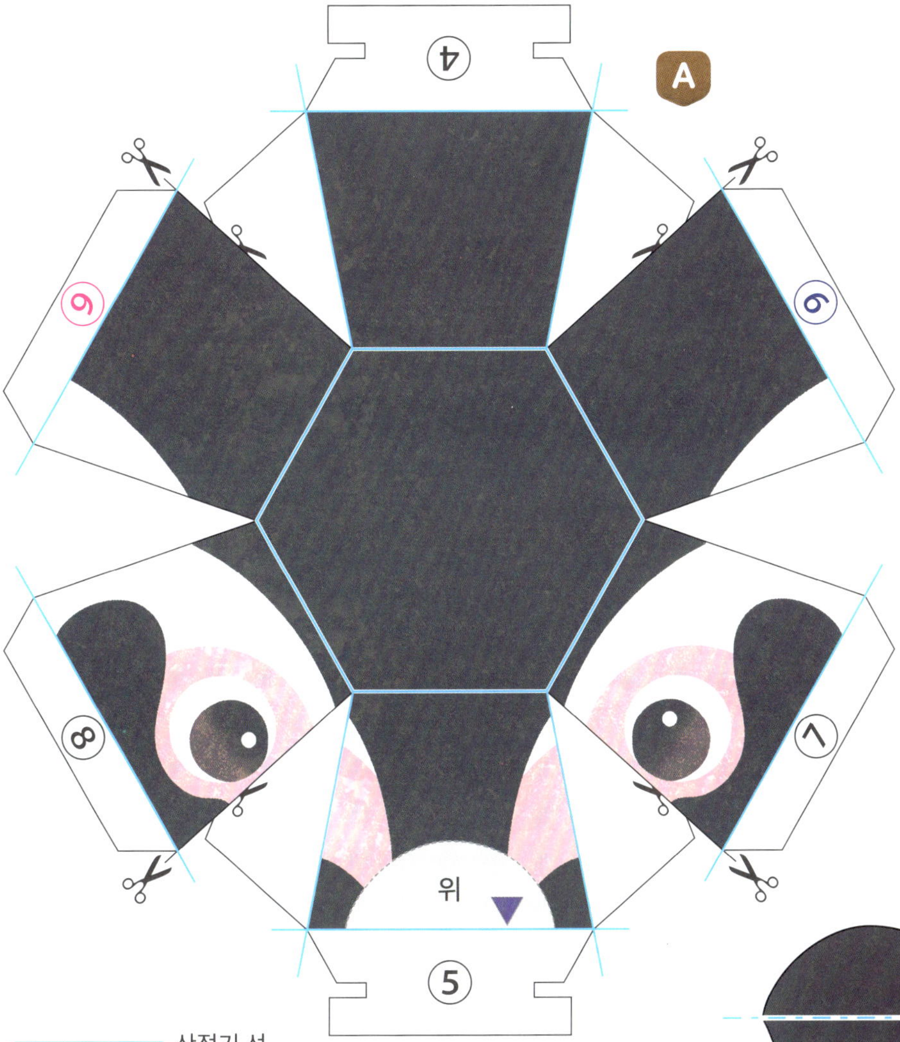

위 ▼

⑤

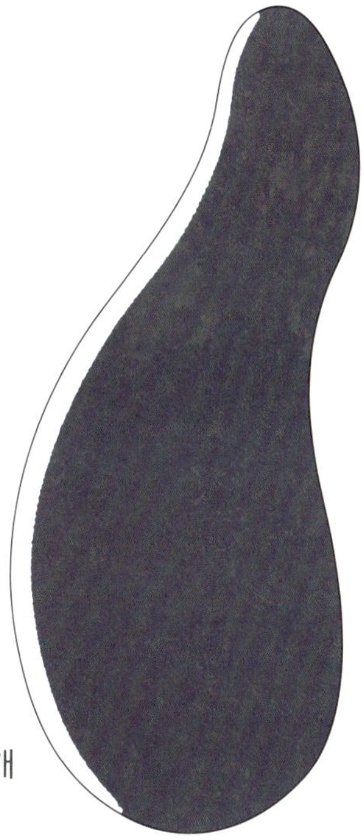

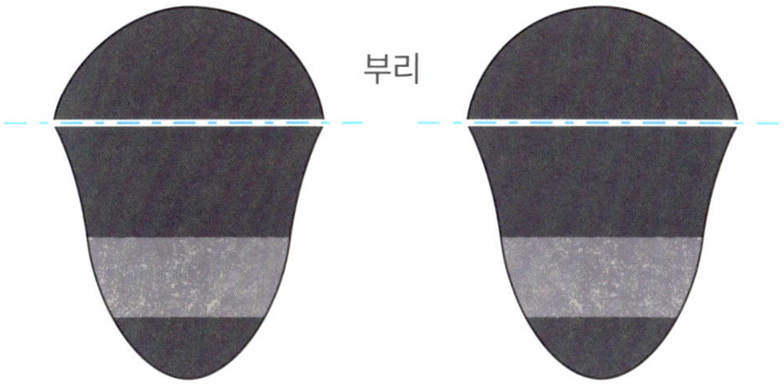

——— 산접기 선
—·—·— 계곡접기 선
——— 자르는 선

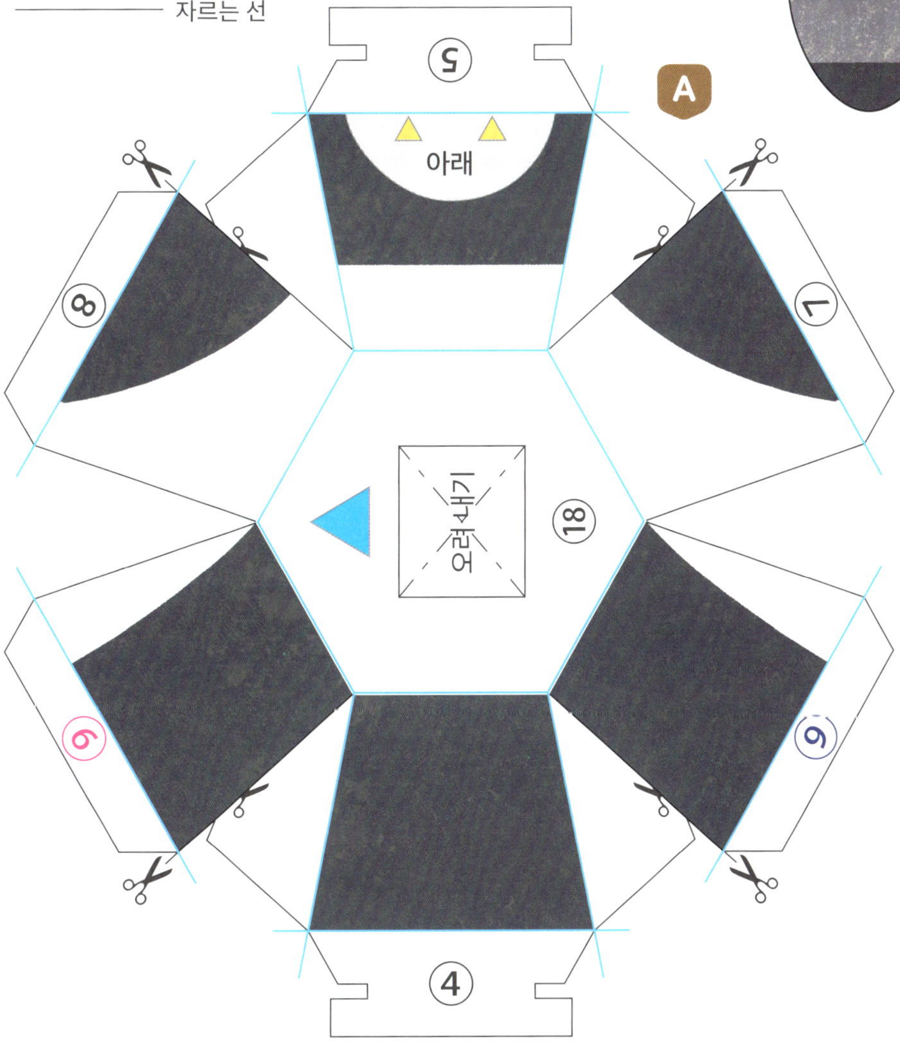

날개

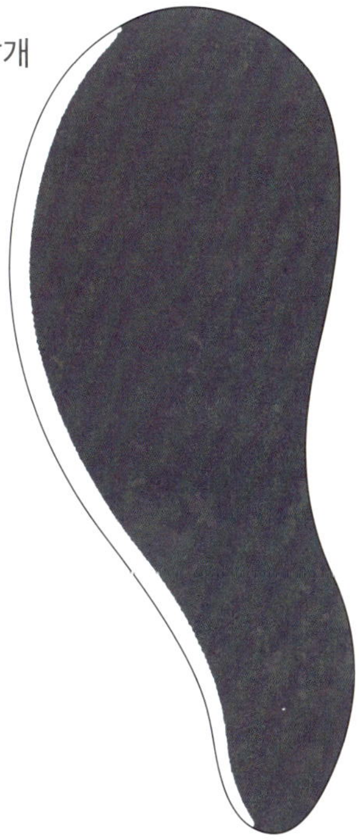

부리

Ⓐ

⑤

아래 ▲ ▲

⑧

⑦

어린펭귄 ▶

⑱

⑥

⑥

④

날개

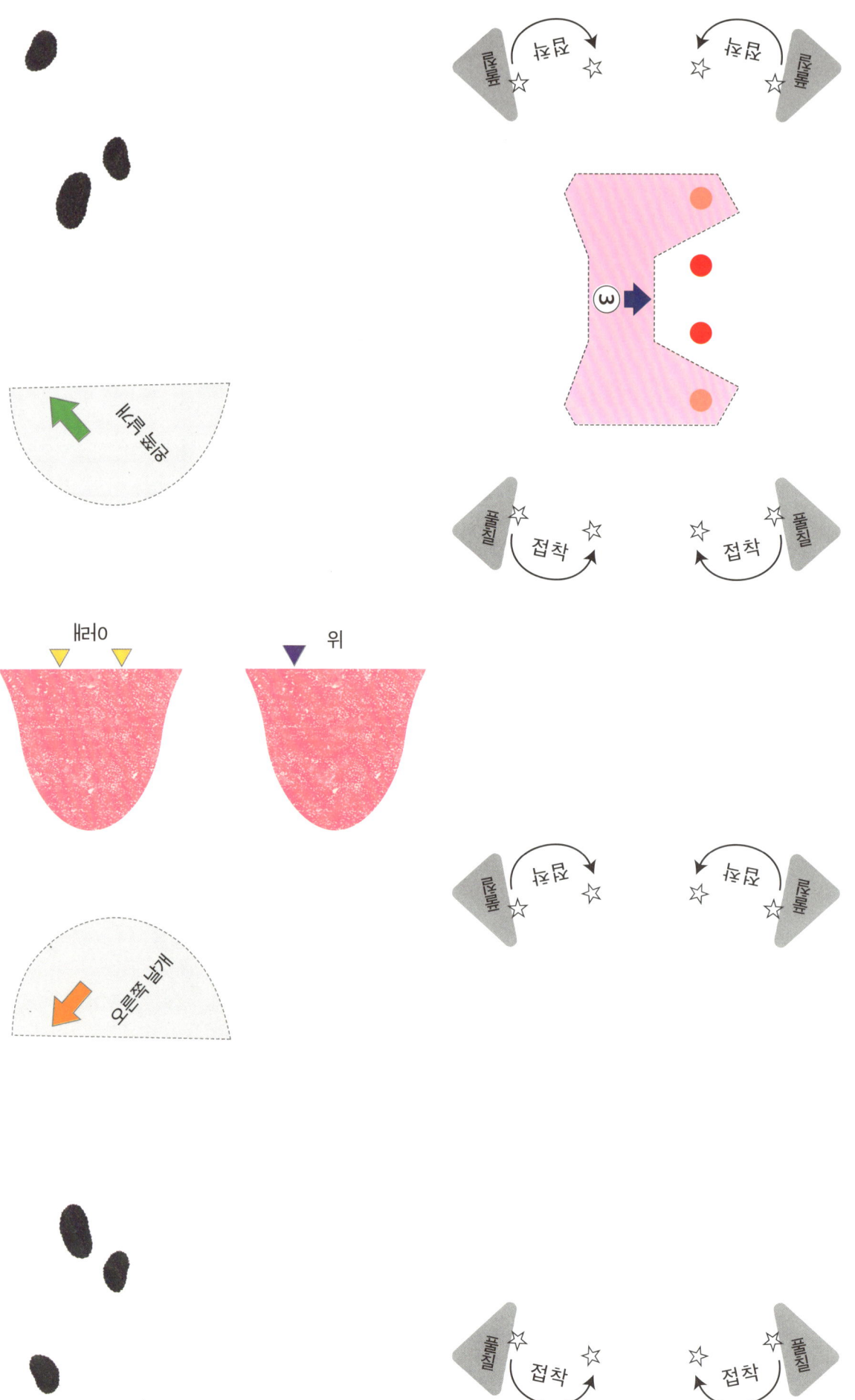

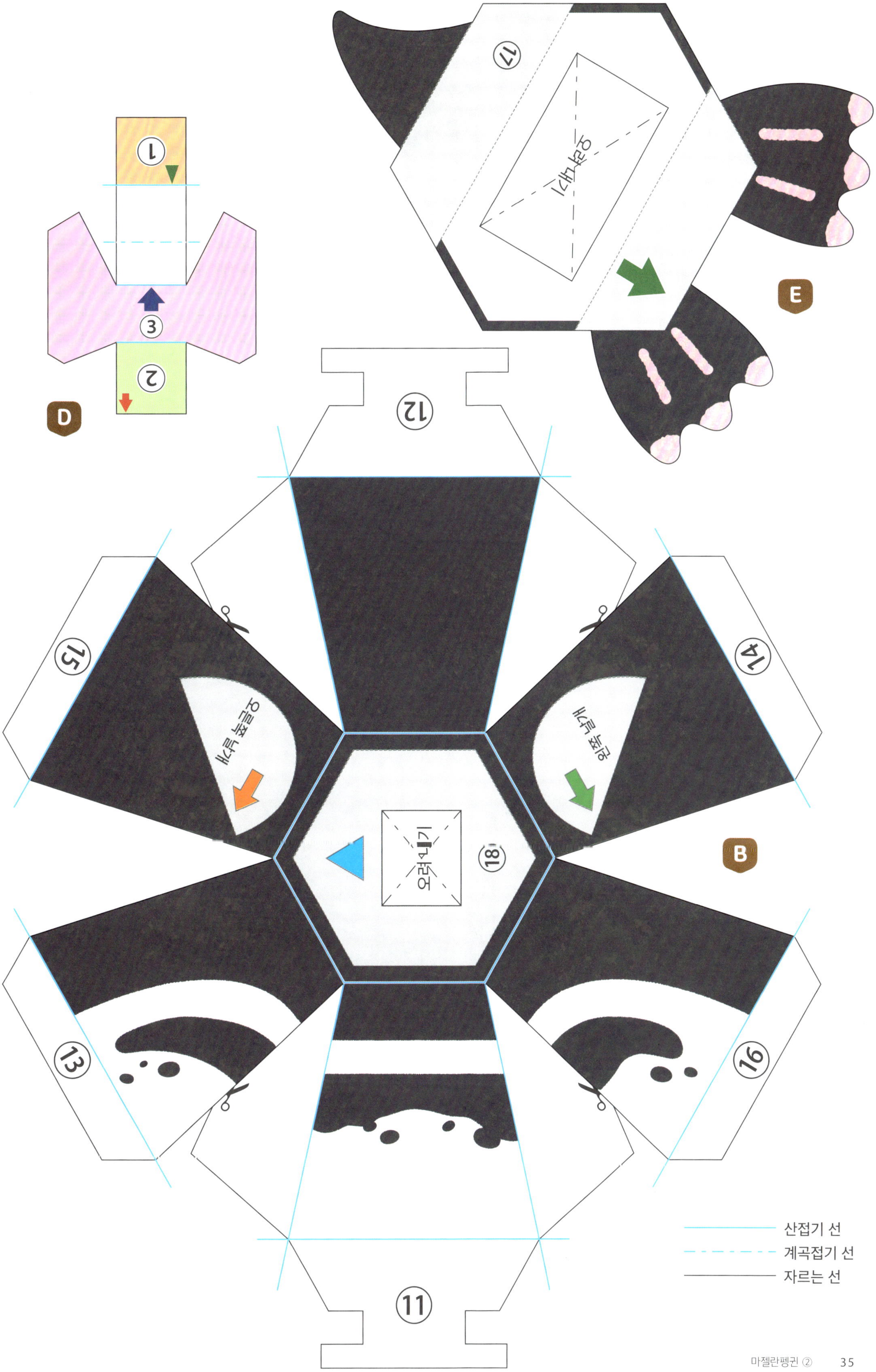

① ▽

D

② ↓ ③ ↑

⑰ 오려내기

E

⑫

⑮ ⑭

⑪

⑬ ⑯

오려붙이기 ◀ 오려붙이기 ▶ 오려붙이기 →

⑱

B

산접기 선
계곡접기 선
자르는 선

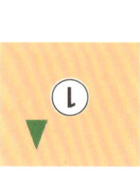

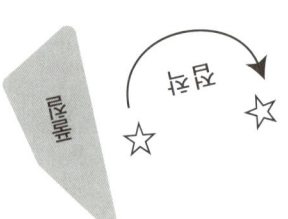

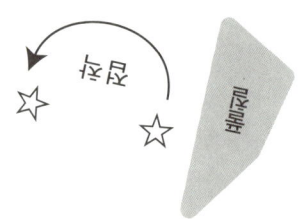

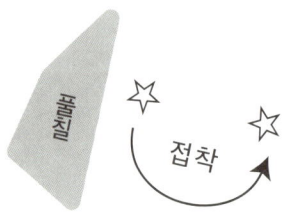

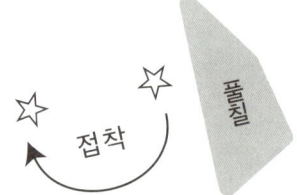

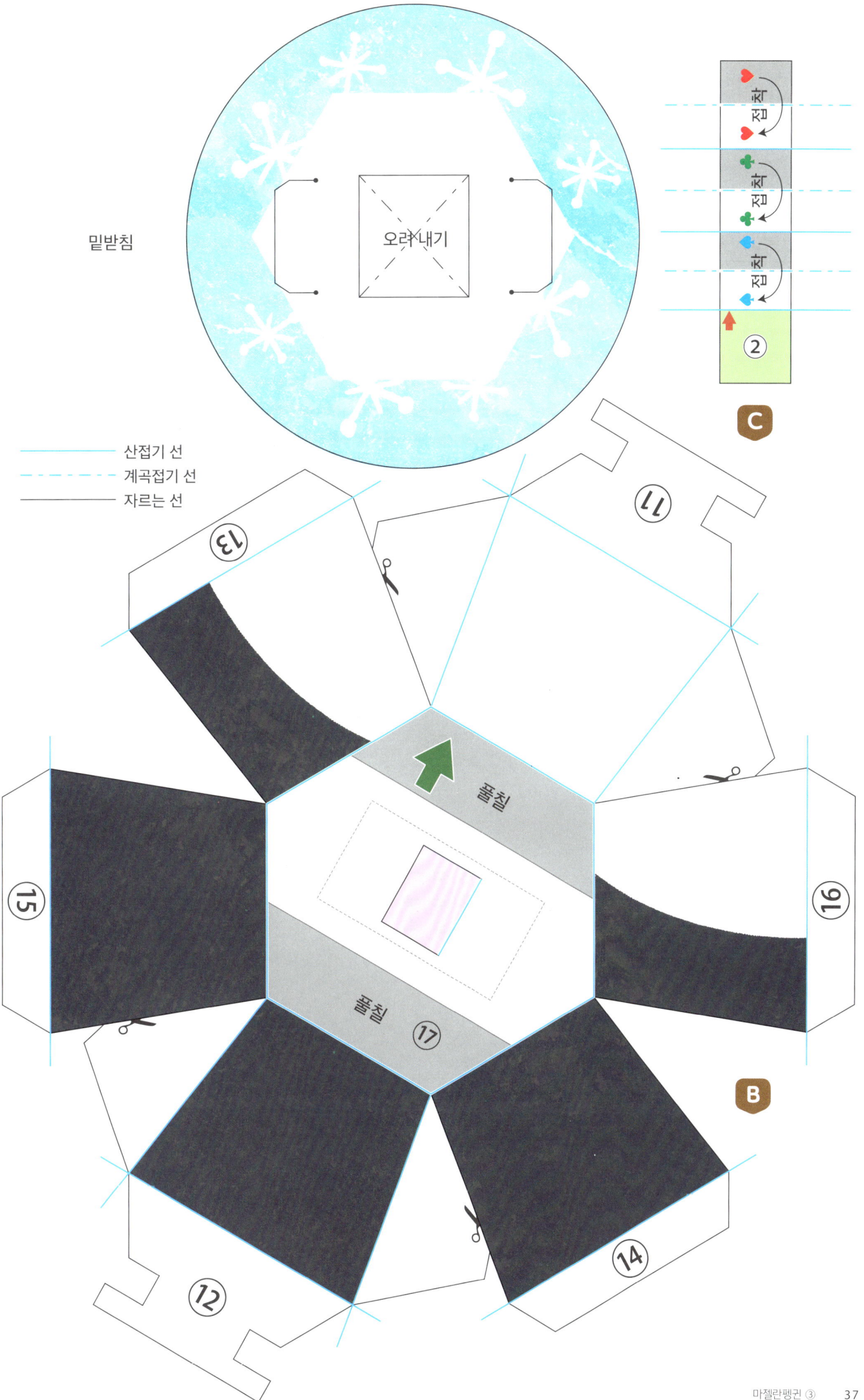

밑받침

오려내기

산접기 선
계곡접기 선
자르는 선

접착
접착
접착

② C

13 11

풀칠 풀칠

15 16

17 B

12 14

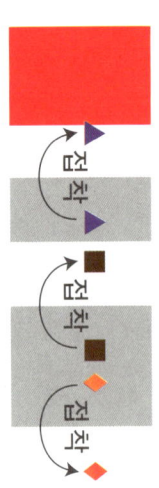

접착

접착

접착

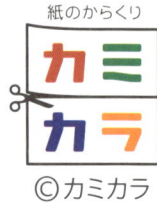

紙のからくり
カミ
カラ
© カミカラ

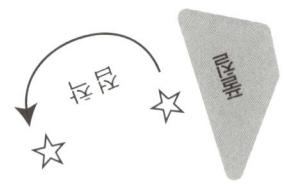

접착

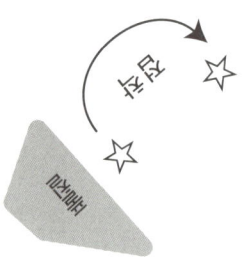

접착

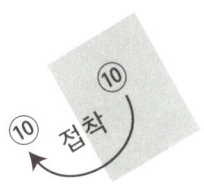

접착

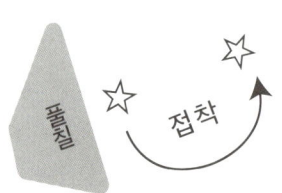

접착

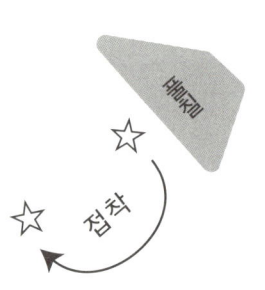

접착

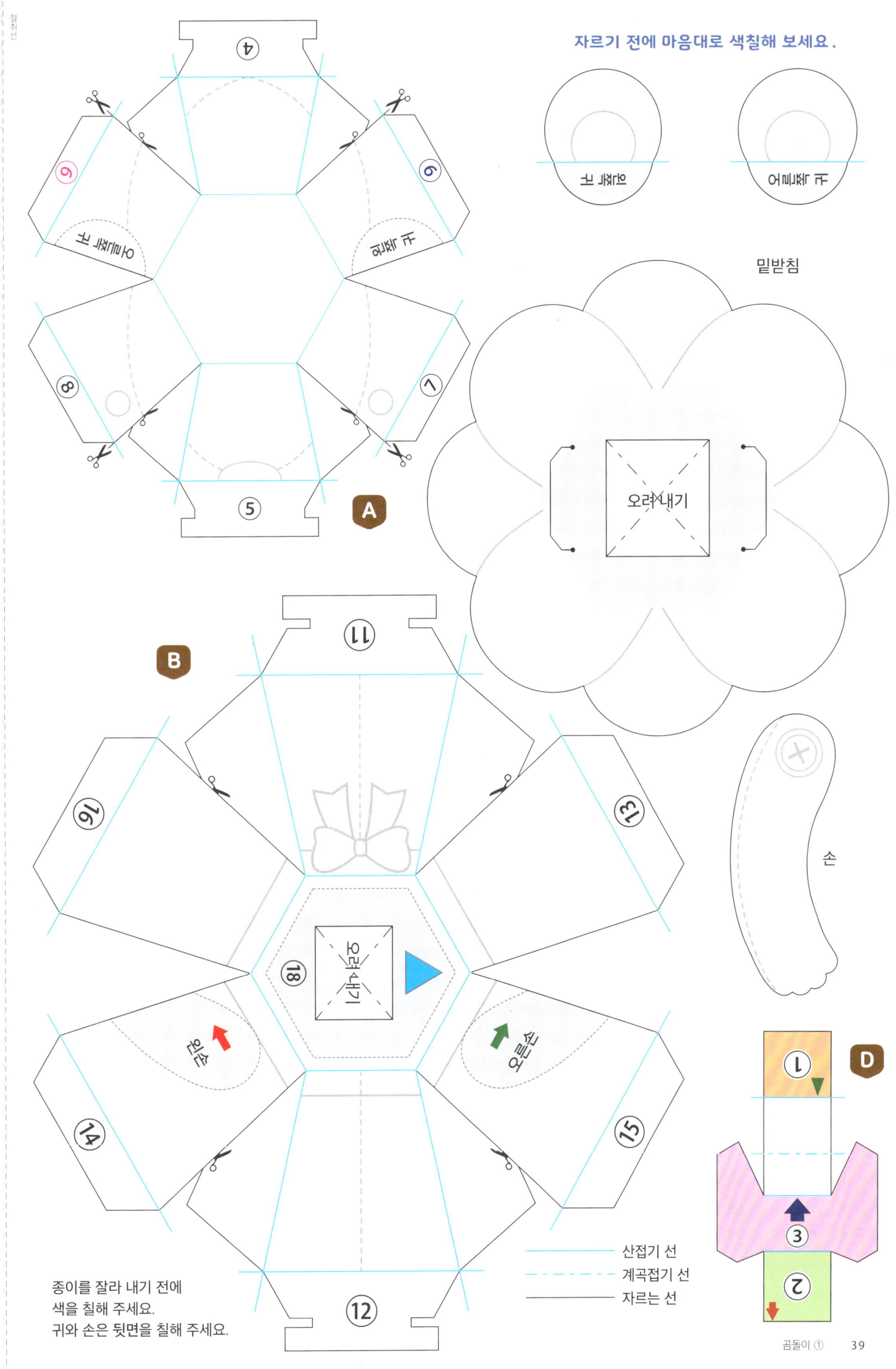

자르기 전에 마음대로 색칠해 보세요.

밑받침

오려내기

손

종이를 잘라 내기 전에
색을 칠해 주세요.
귀와 손은 뒷면을 칠해 주세요.

산접기 선
계곡접기 선
자르는 선

곰돌이 ① 39

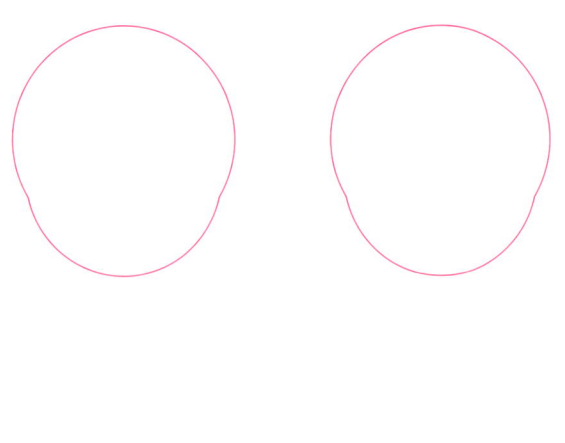

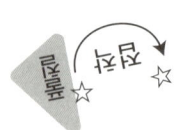 

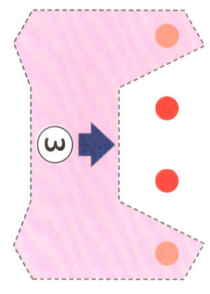

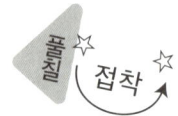 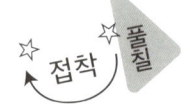

紙のからくり

カミ
カラ

Ⓒカミカラ

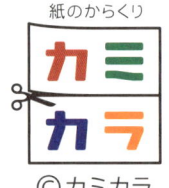

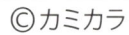

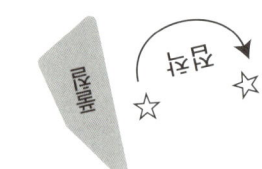 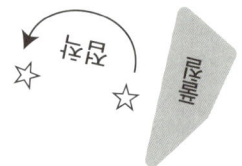

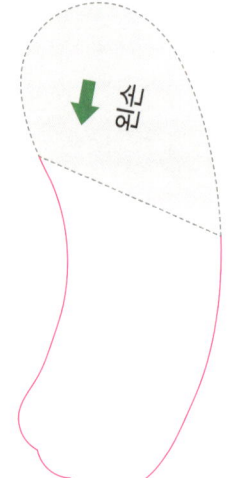

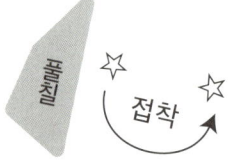 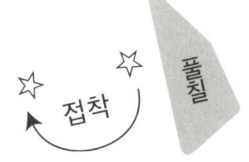

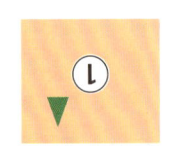

분홍색 선 안쪽도 칠해 주세요.
(풀칠 표시에는 칠하지 마세요.)

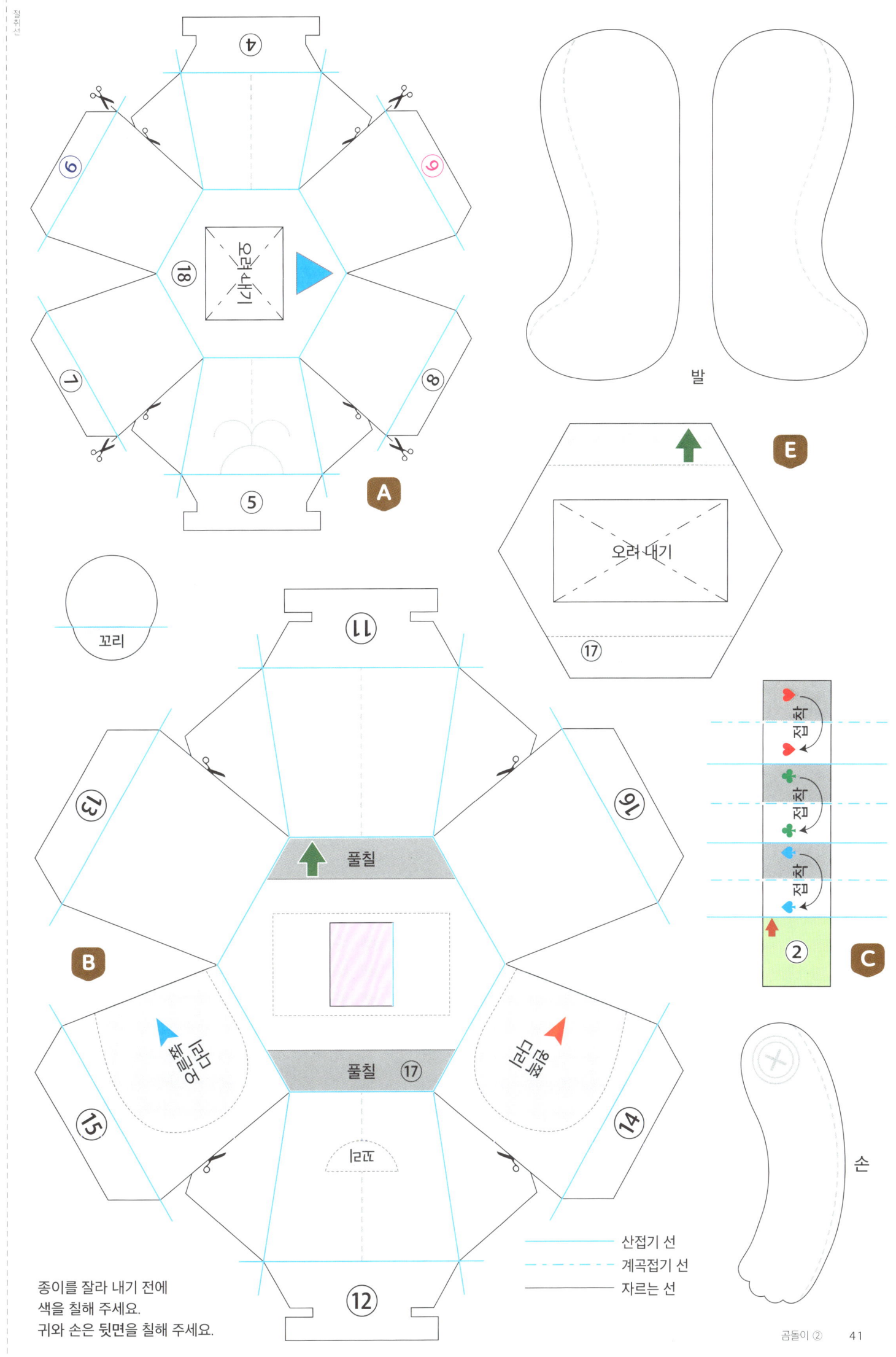

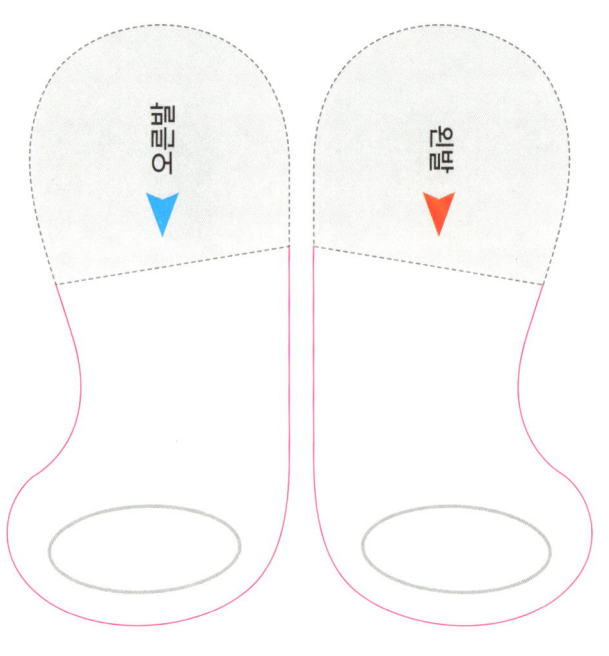

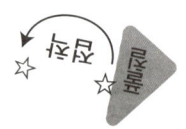

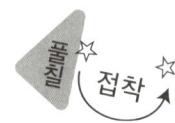
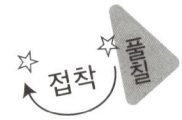

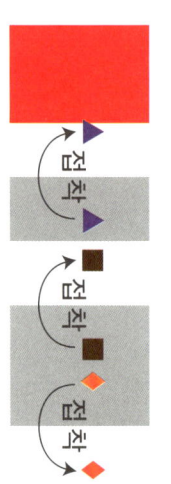

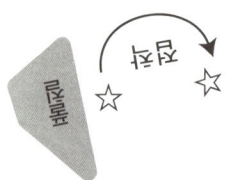
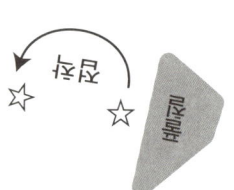

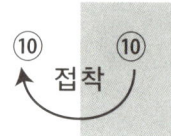

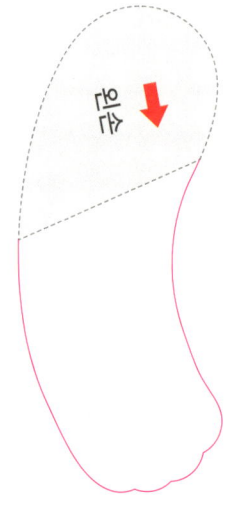

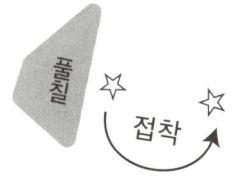
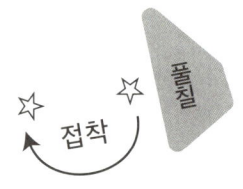

분홍색 선 안쪽도 칠해 주세요.
(풀칠 표시에는 칠하지 마세요.)

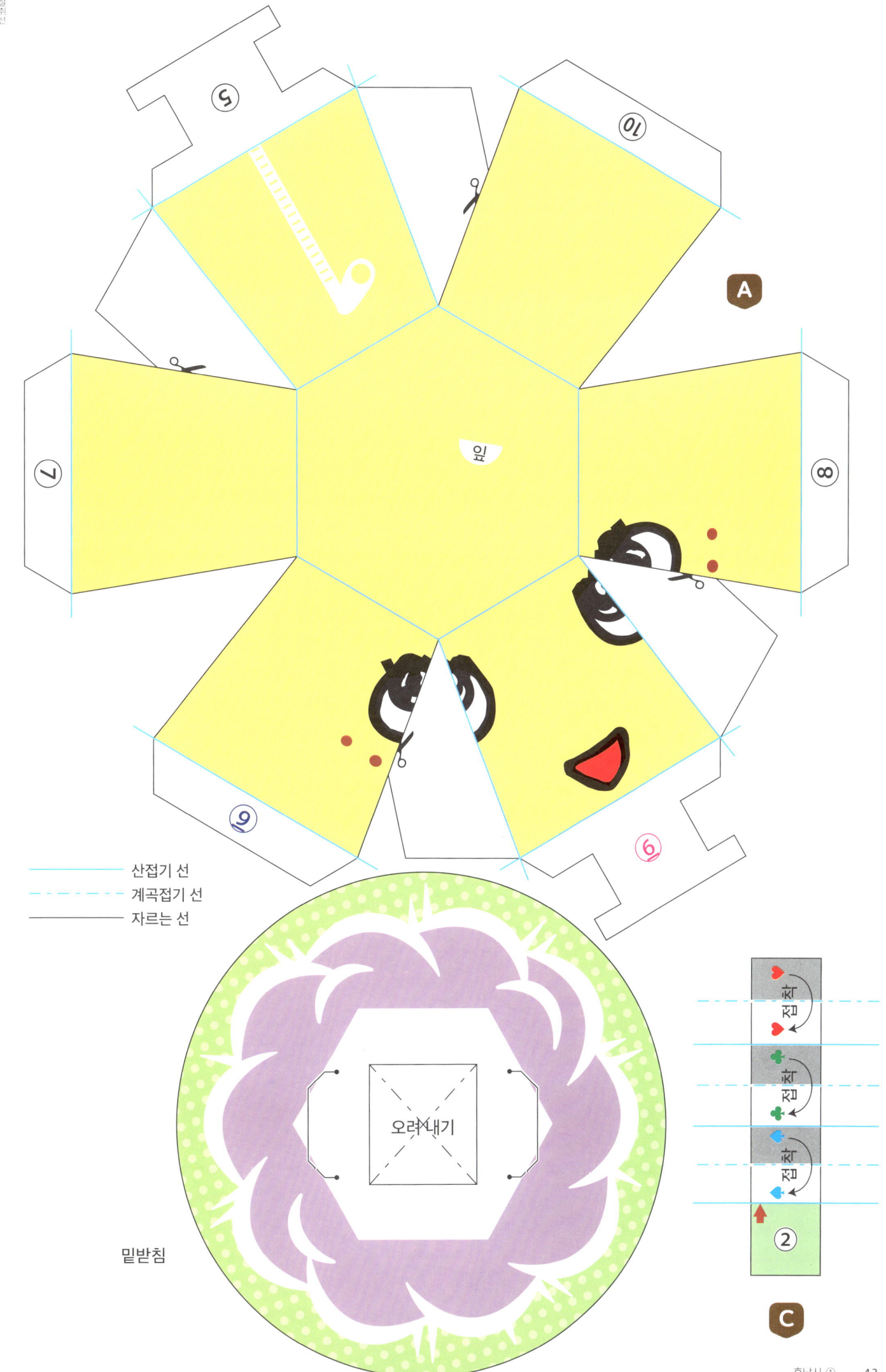

절취선

⑤

⑩

A

⑦

잎

⑧

⑨

⑥

산접기 선
계곡접기 선
자르는 선

오려내기

밑받침

접착
접착
접착

②

C

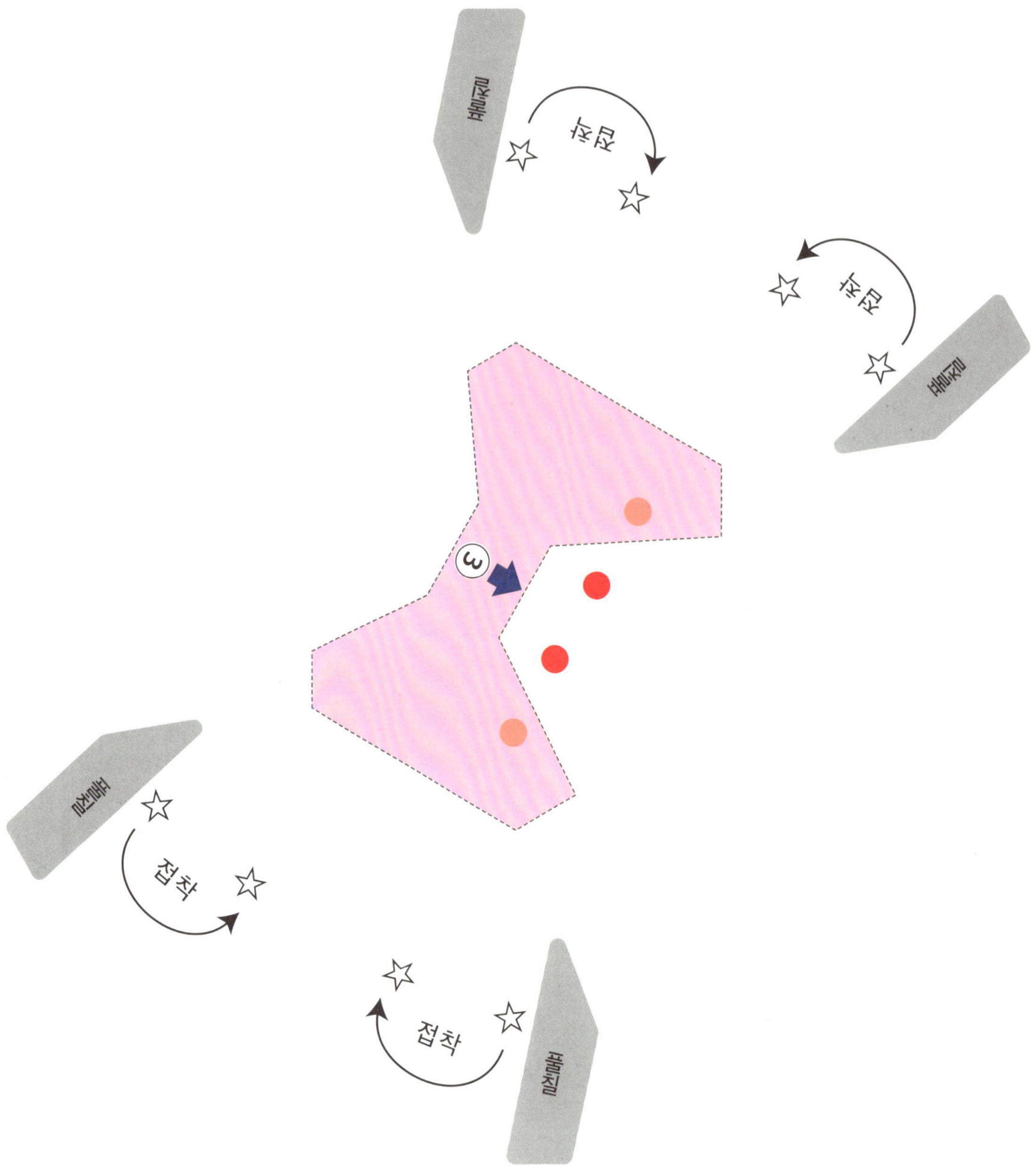

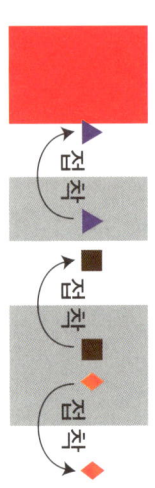

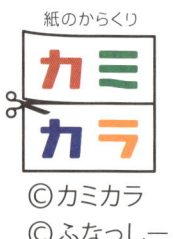

③

☆ 접착 ☆

☆ 접착 ☆

紙のからくり
カミ
カラ
©カミカラ
©ふなっしー

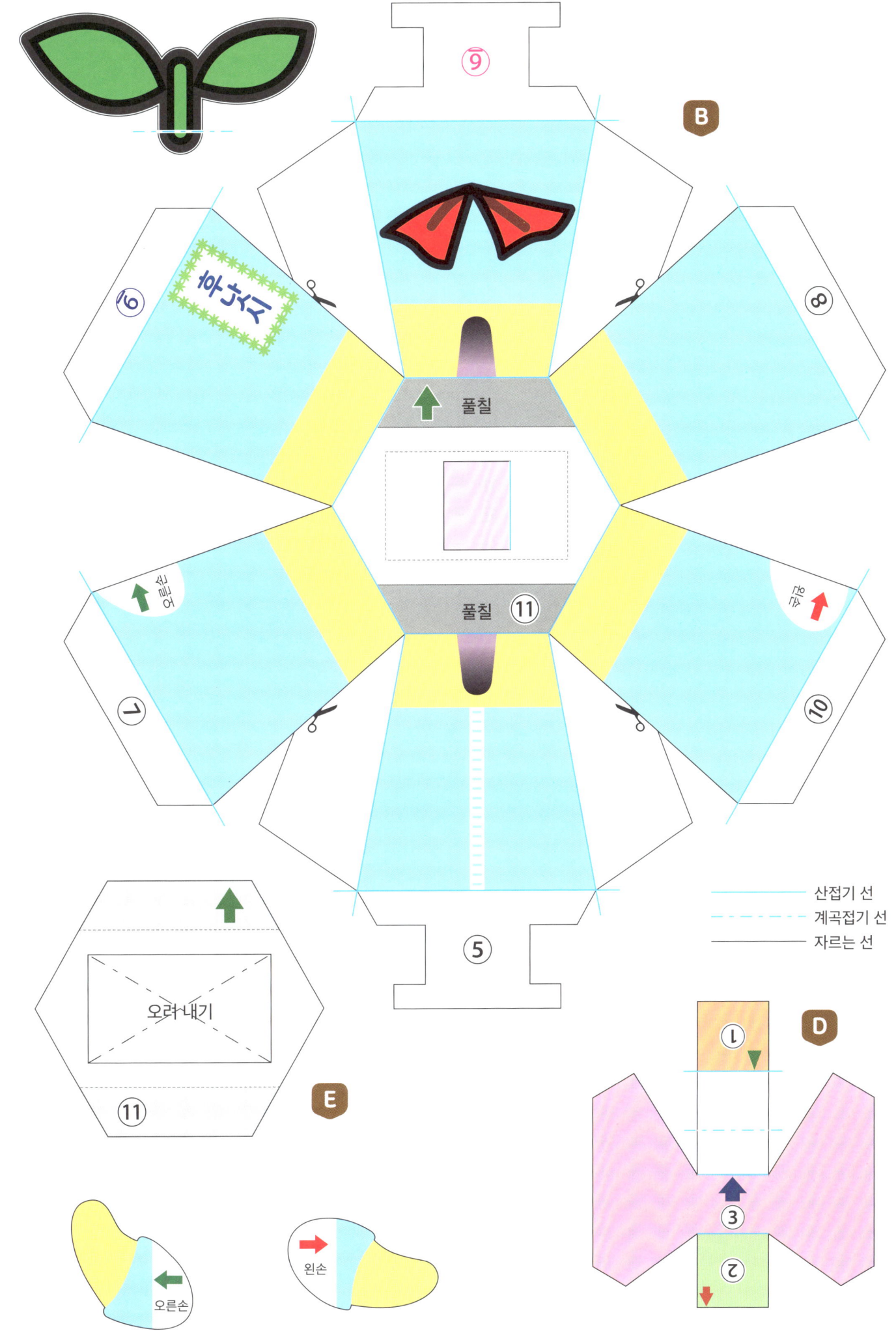

산접기 선
계곡접기 선
자르는 선

풀칠
풀칠 ⑪
오려내기 ⑪

오른손
왼손

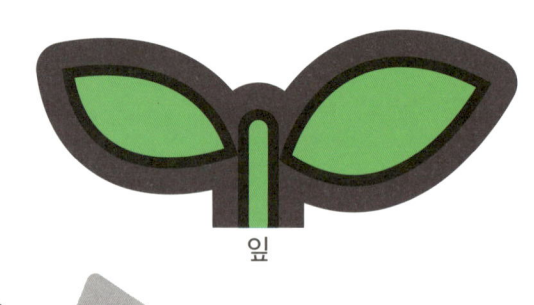

잎

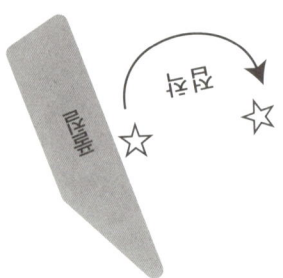

접착

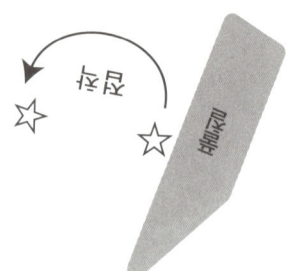

접착

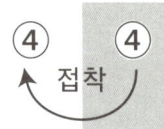

④ ④
접착

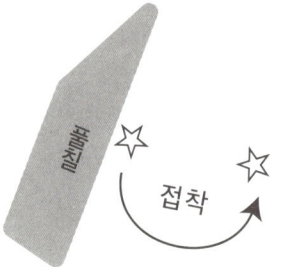

접착

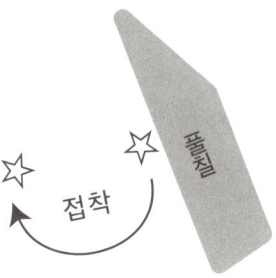

접착

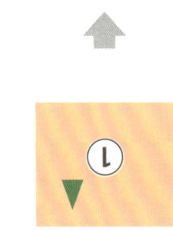

①

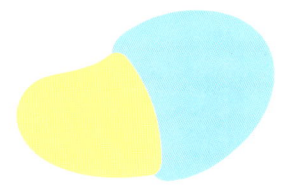

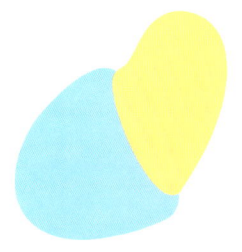

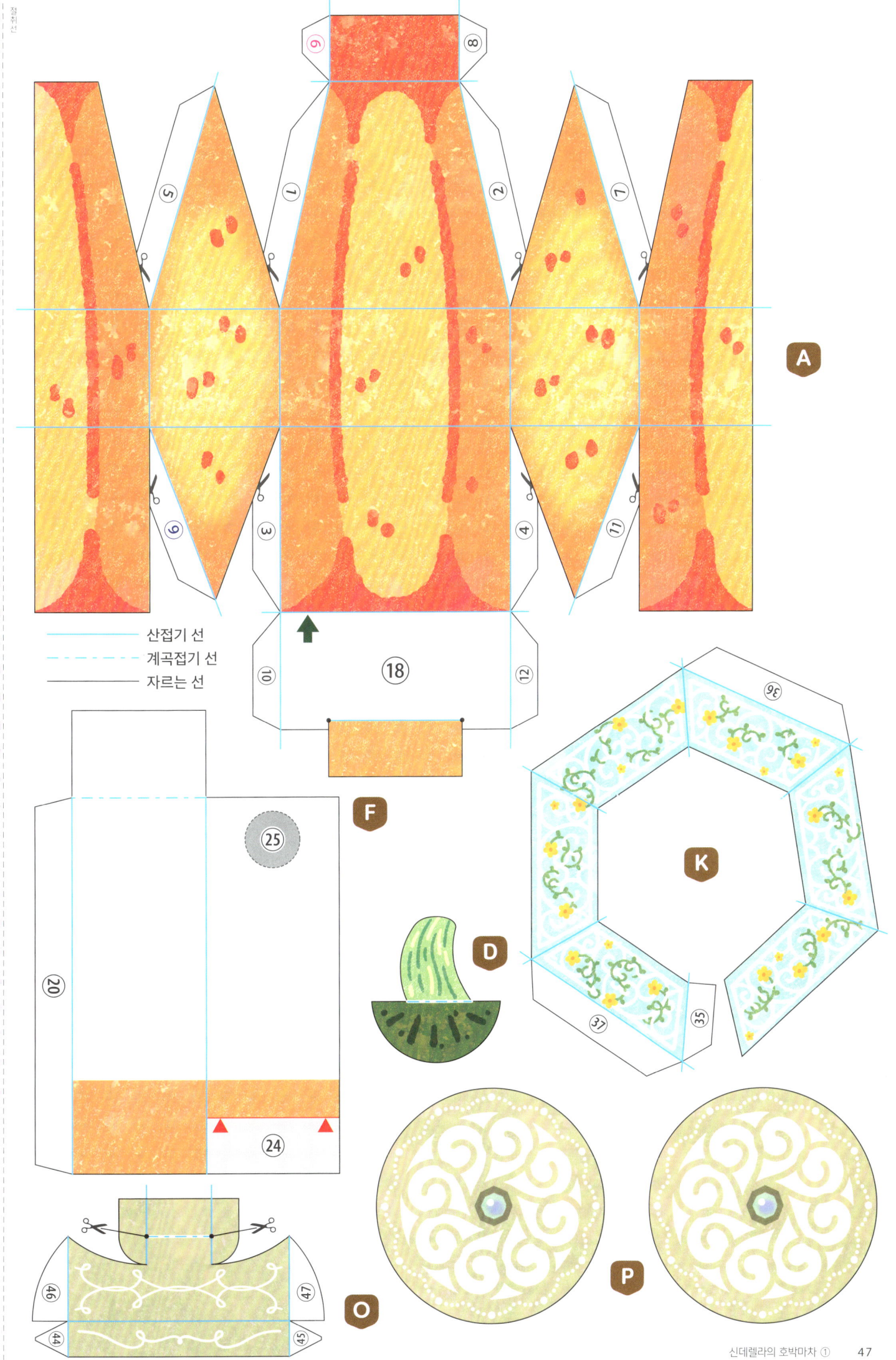

절취선

⑥ ⑧

⑤ ① ② ⑦

Ⓐ

⑨ ③ ④ ⑪

─── 산접기 선
─ ─ ─ 계곡접기 선
─── 자르는 선

⑩ ⑱ ⑫

Ⓕ

㉟

㉕

⑳

Ⓚ

Ⓓ

㊲ ㉟

㉔

Ⓞ Ⓟ

㊻ ㊼

㊹ ㊺

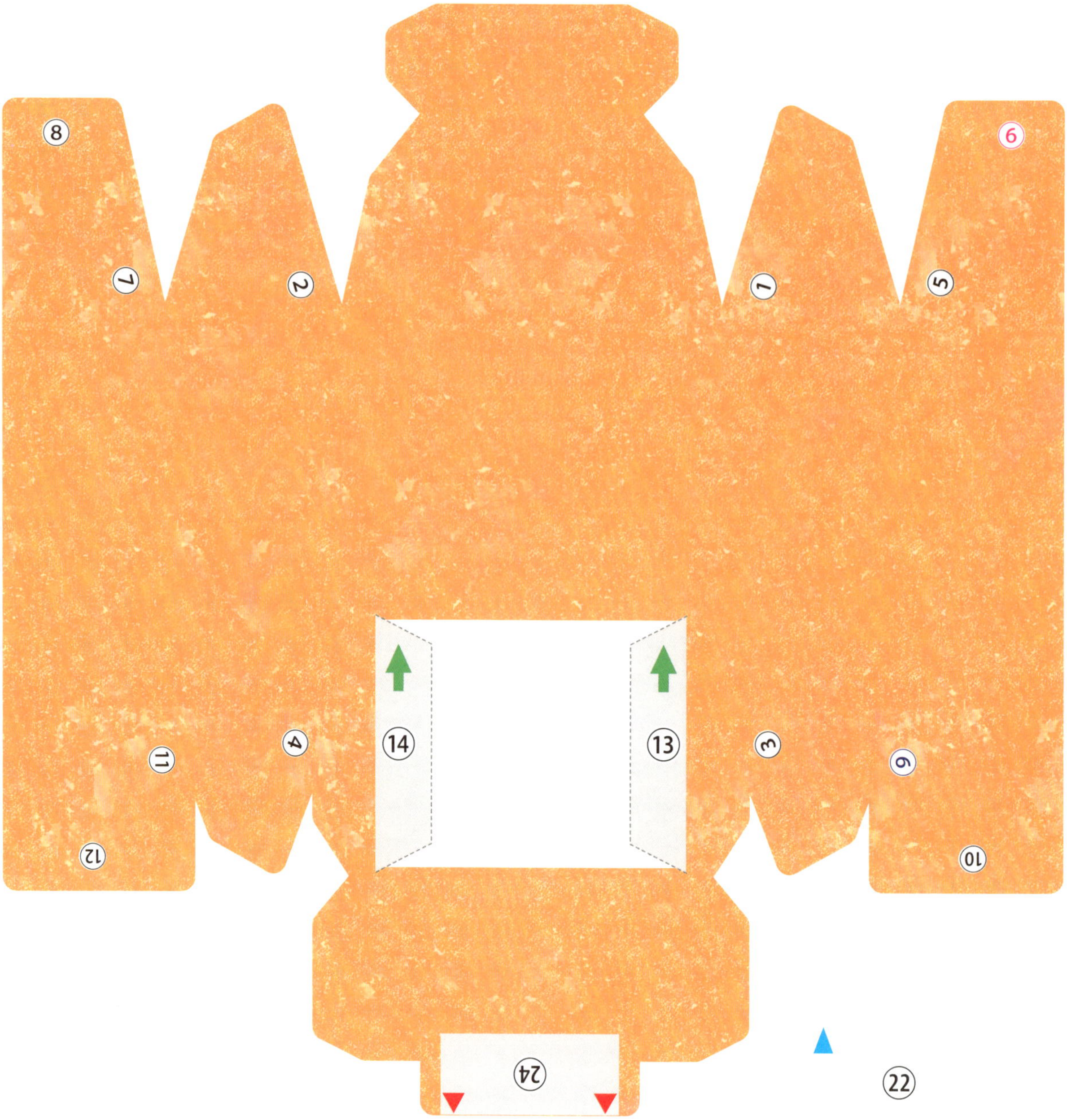

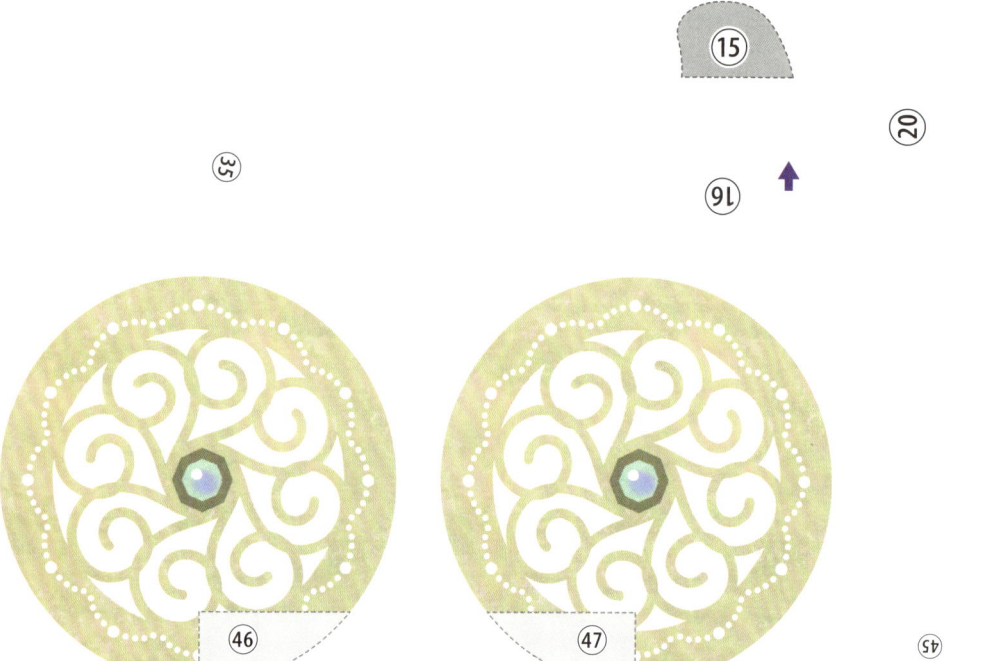

절취선

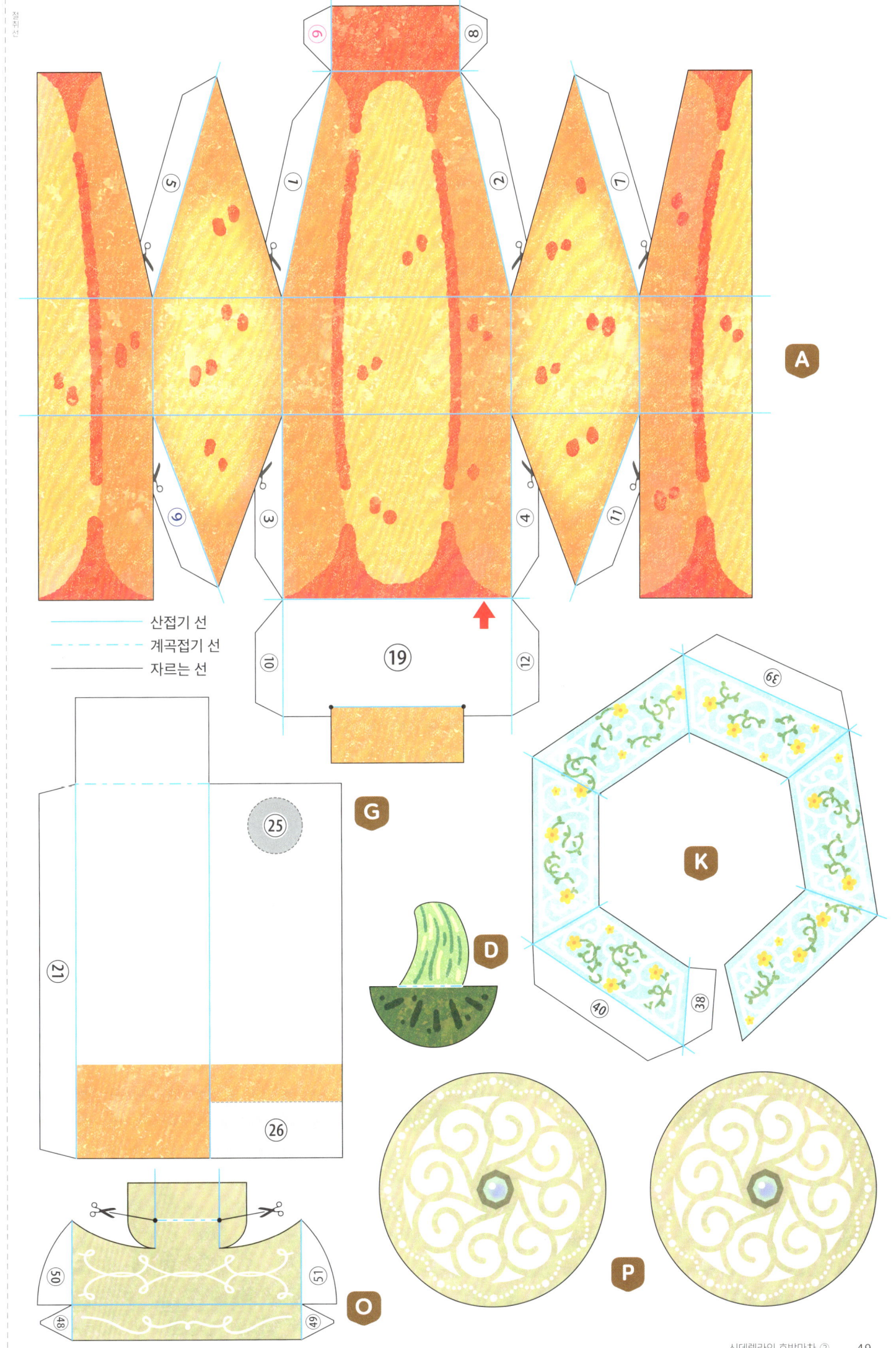

⑥ ⑧

⑤ ① ② ⑦

A

⑨ ③ ④ ⑪

산접기 선
계곡접기 선
자르는 선

⑩ ⑲ ⑫

G

㉕

㉑

㉖

D

K

㊴

㊶ ㊵ ㊳

㊿ ㊼ O

㊽ ㊾

P

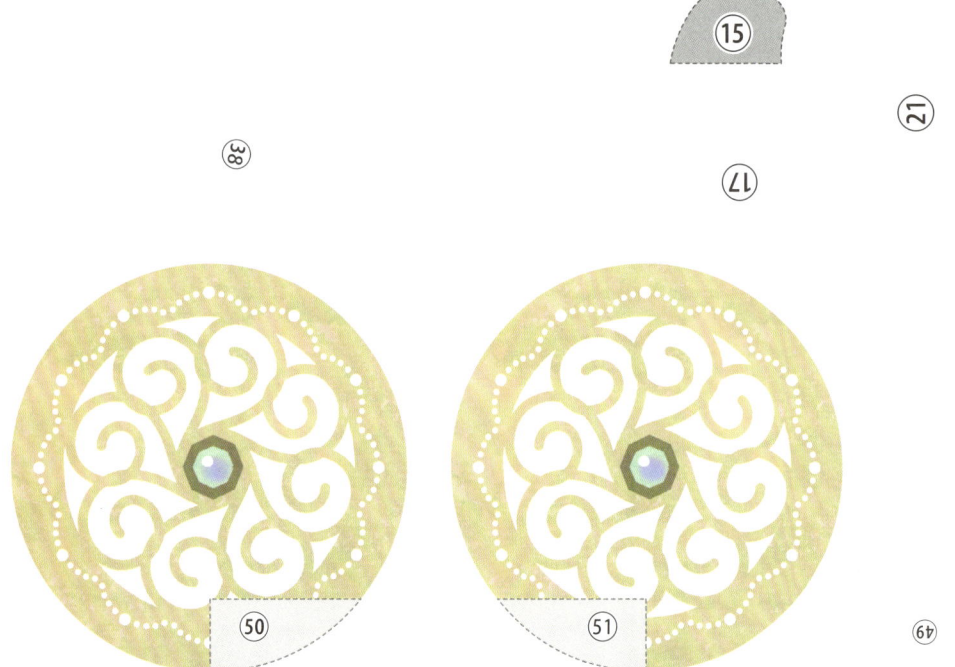

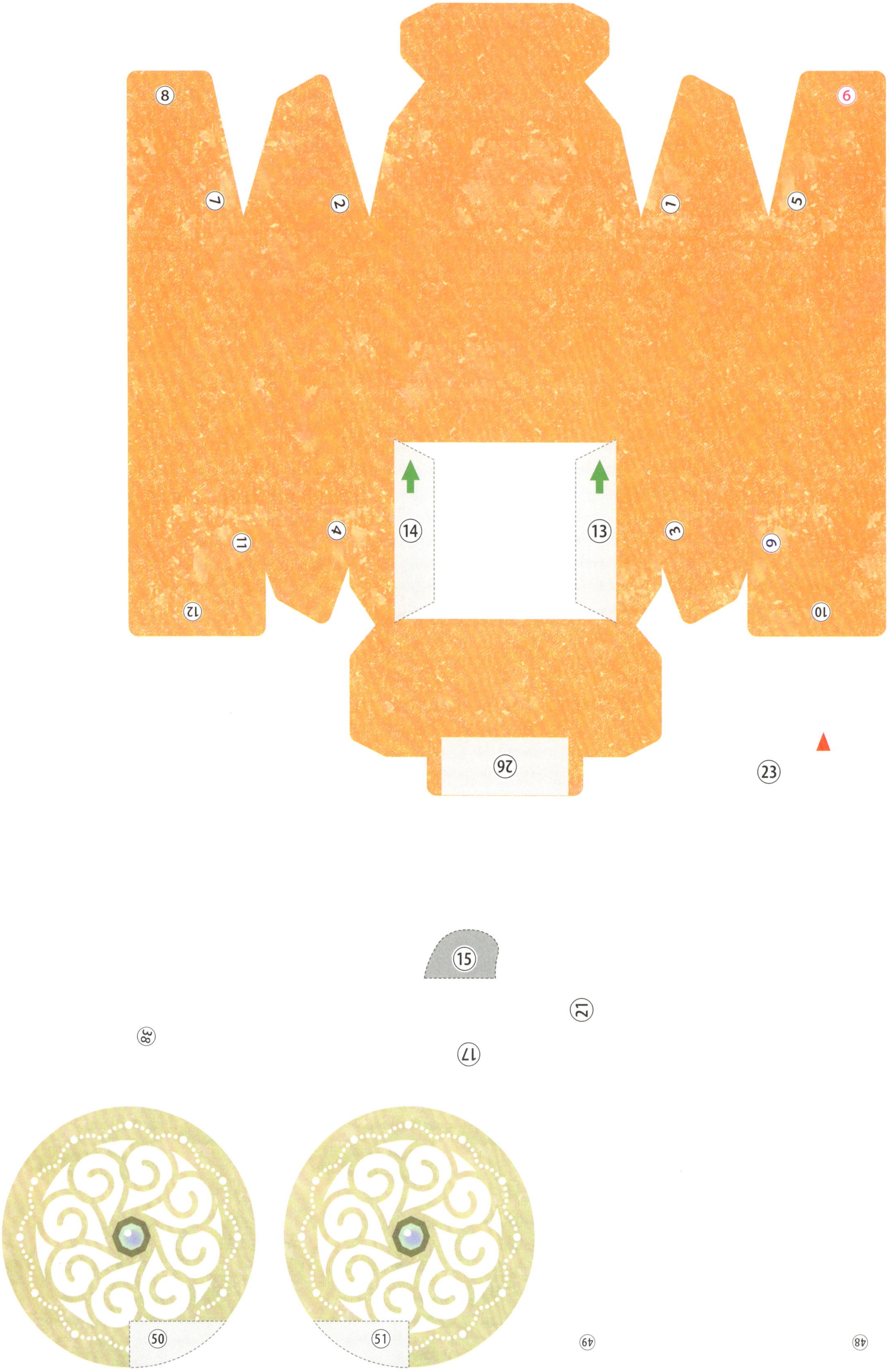

산접기 선
계곡접기 선
자르는 선

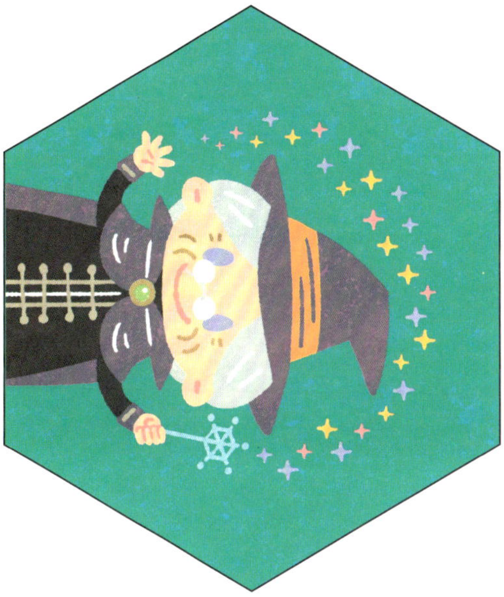

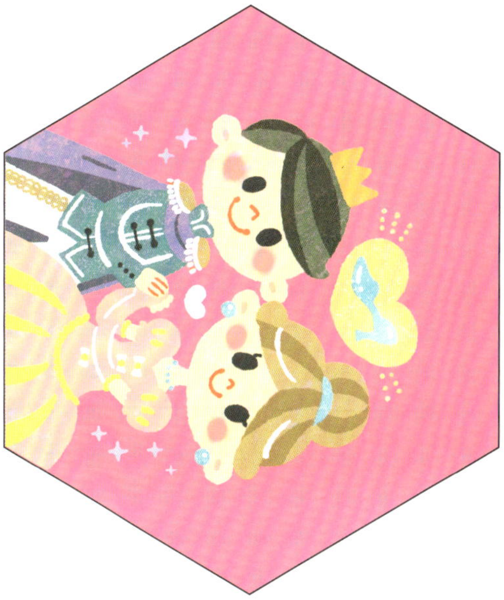

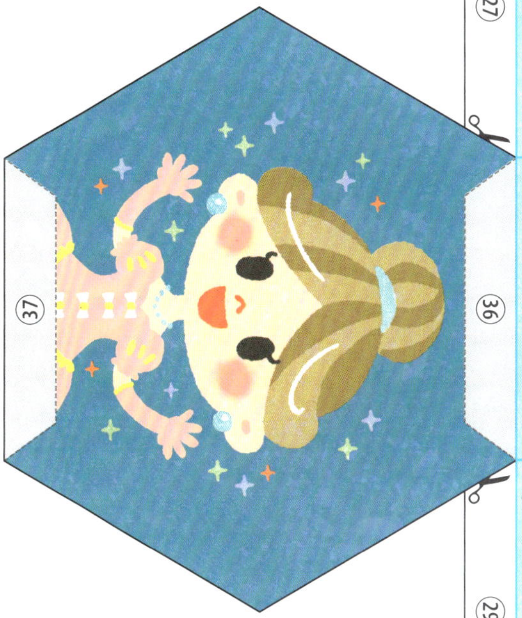

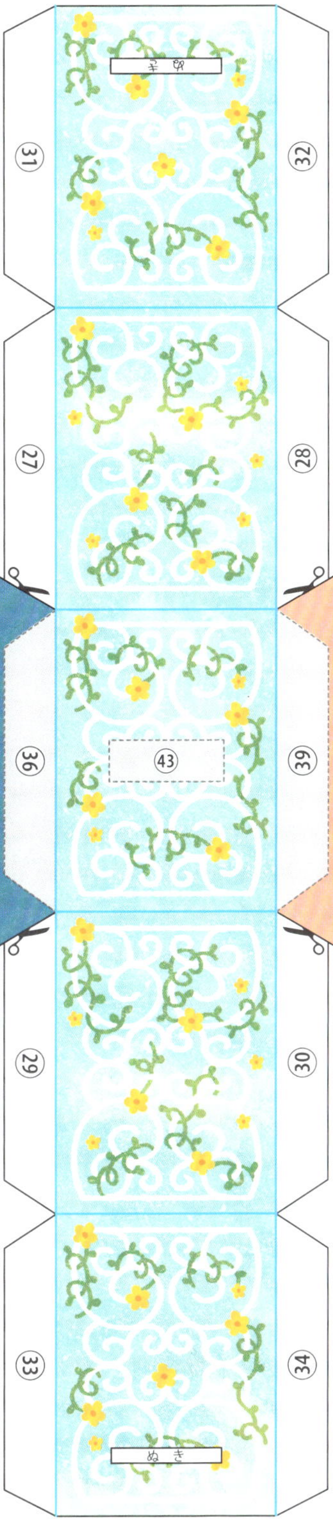

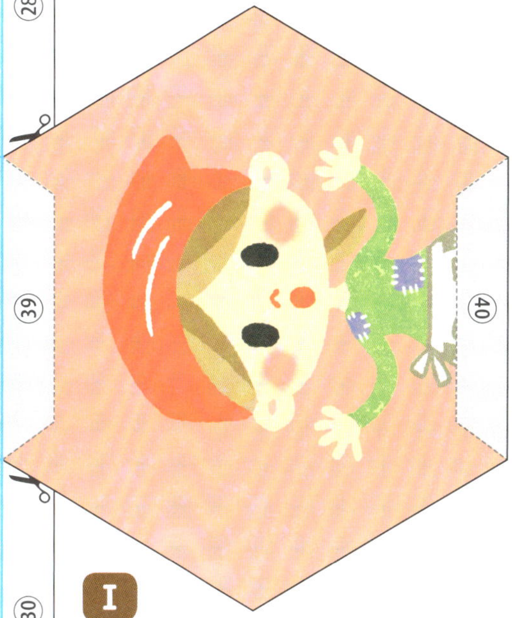

31
32
27
28
36
43
39
33
34
29
30

たて

ぬき

14 ➡
14 ➡
13 ➡
13 ➡

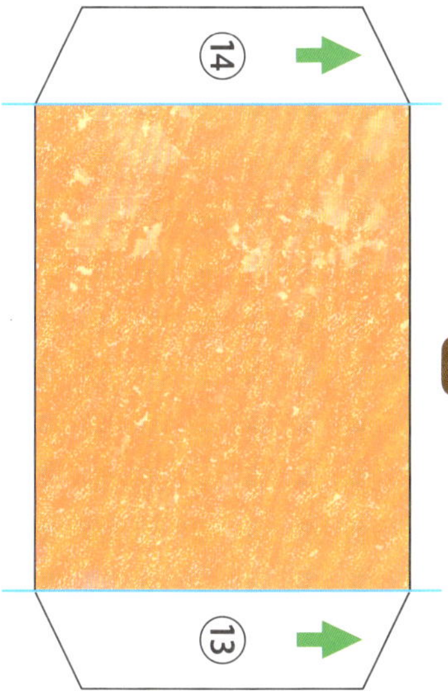

B 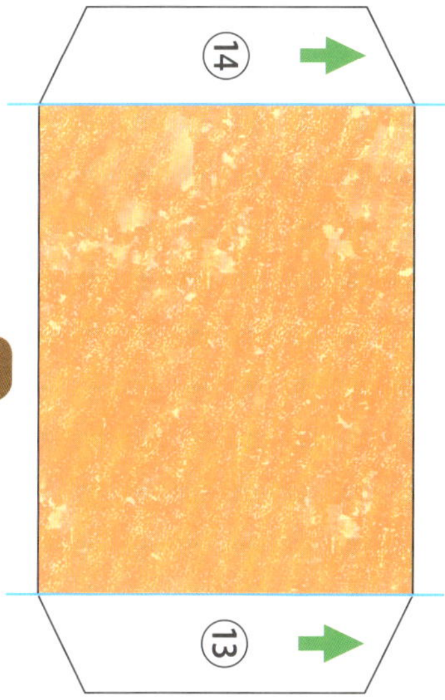
B

I

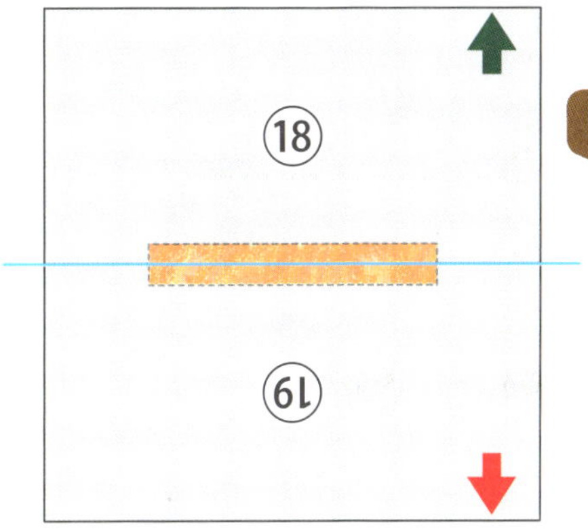

18
19

E

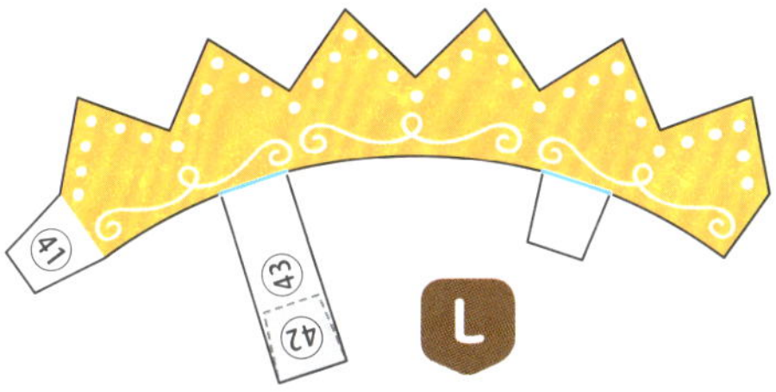

41
43
42

L

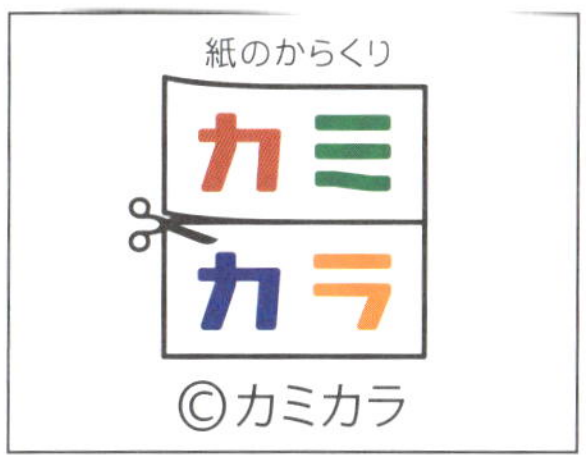

紙のからくり
カミ
カラ
©カミカラ

H

㉜　㉘　㉗　㉛

㉞　㉚　㉙　㉝

50원
동전을
테이프로
붙인다

50원
동전을
테이프로
붙인다

50원
동전을
테이프로
붙인다

50원
동전을
테이프로
붙인다

⑯

⑰

㉓

㉒

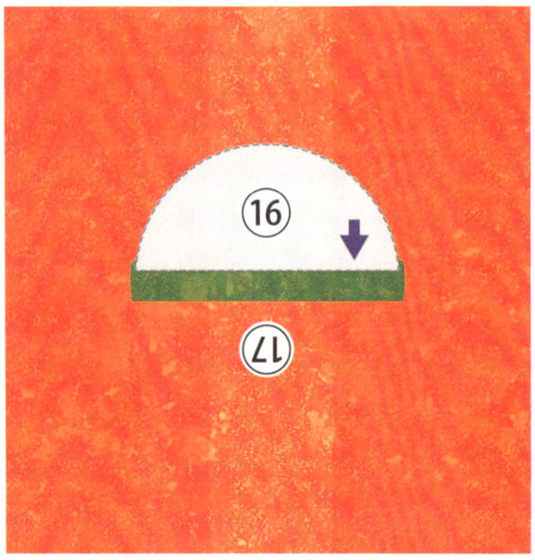

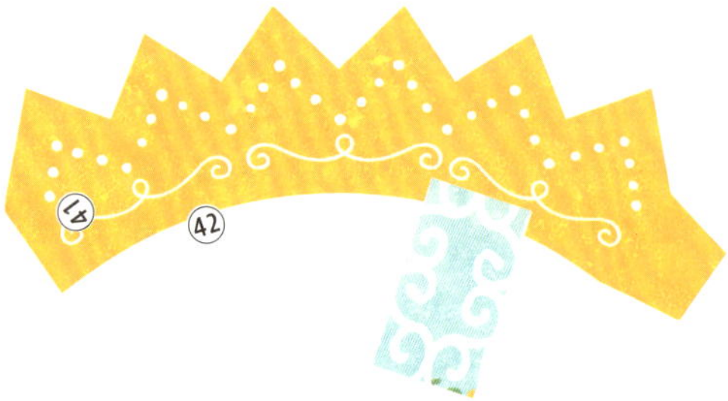

④

㊷

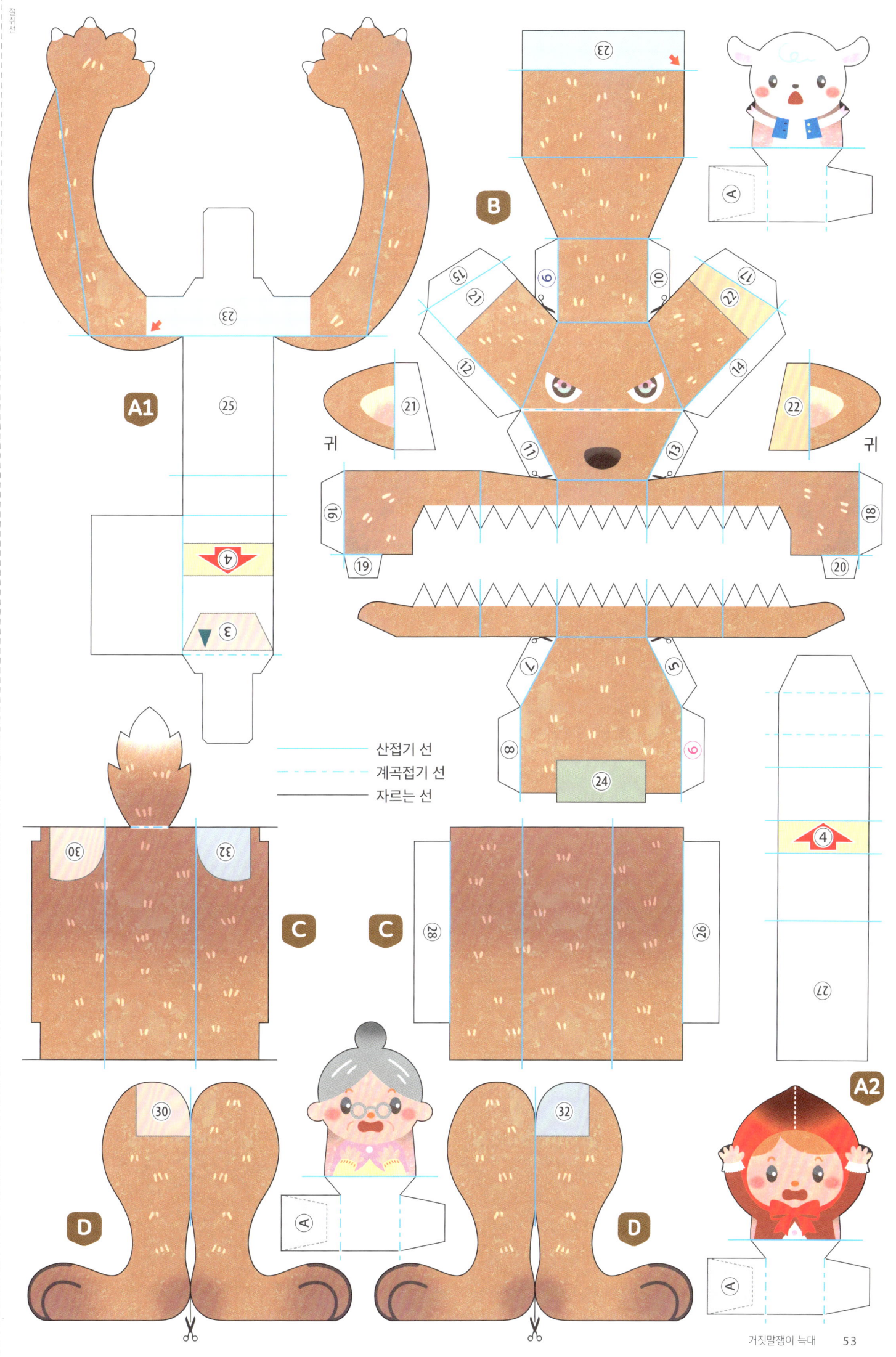

산접기 선
계곡접기 선
자르는 선

귀

A1
A2
B
C
C
D
D

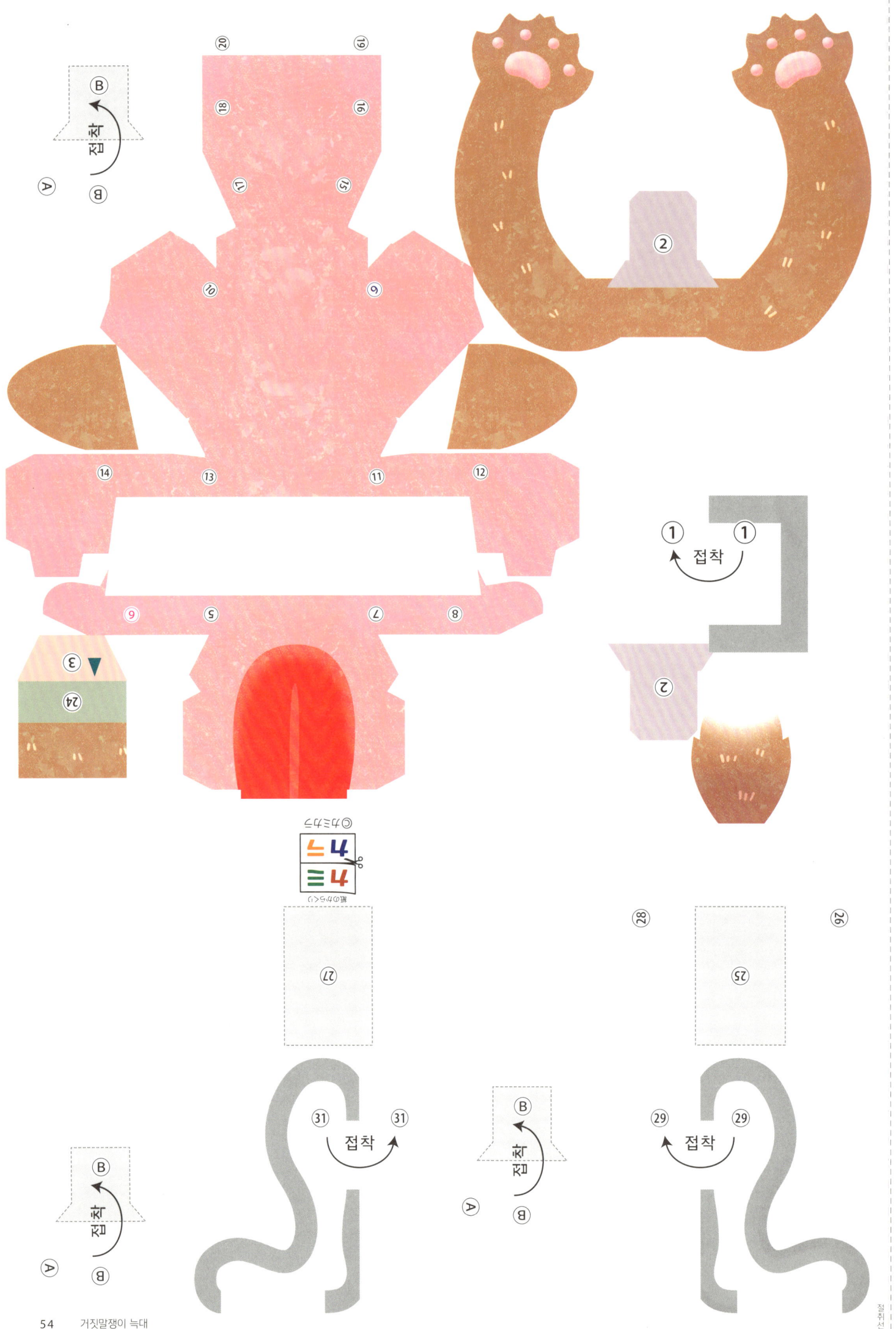

43

45 44

■

◁

F

37

33

38

34

E

35

39

36

40

E

22 32 31 21

24 25 26 23

── 산접기 선
──·── 계곡접기 선
── 자르는 선

13 14

6 8

A

5 1 2 7

9 3 4 11

10 15 12

41 ▲

27 20

28 19

D

29 18

30 17

42 ▼

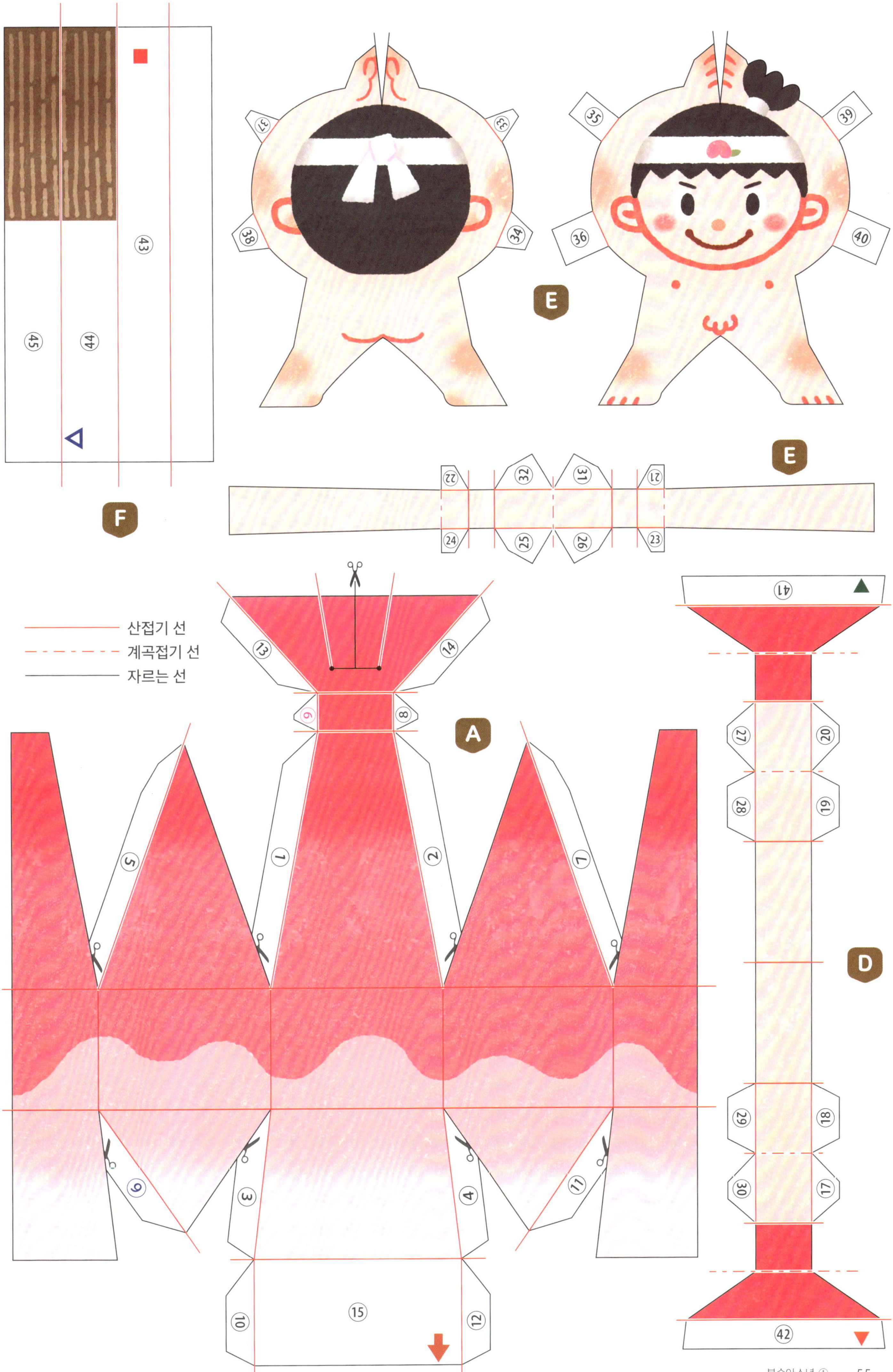

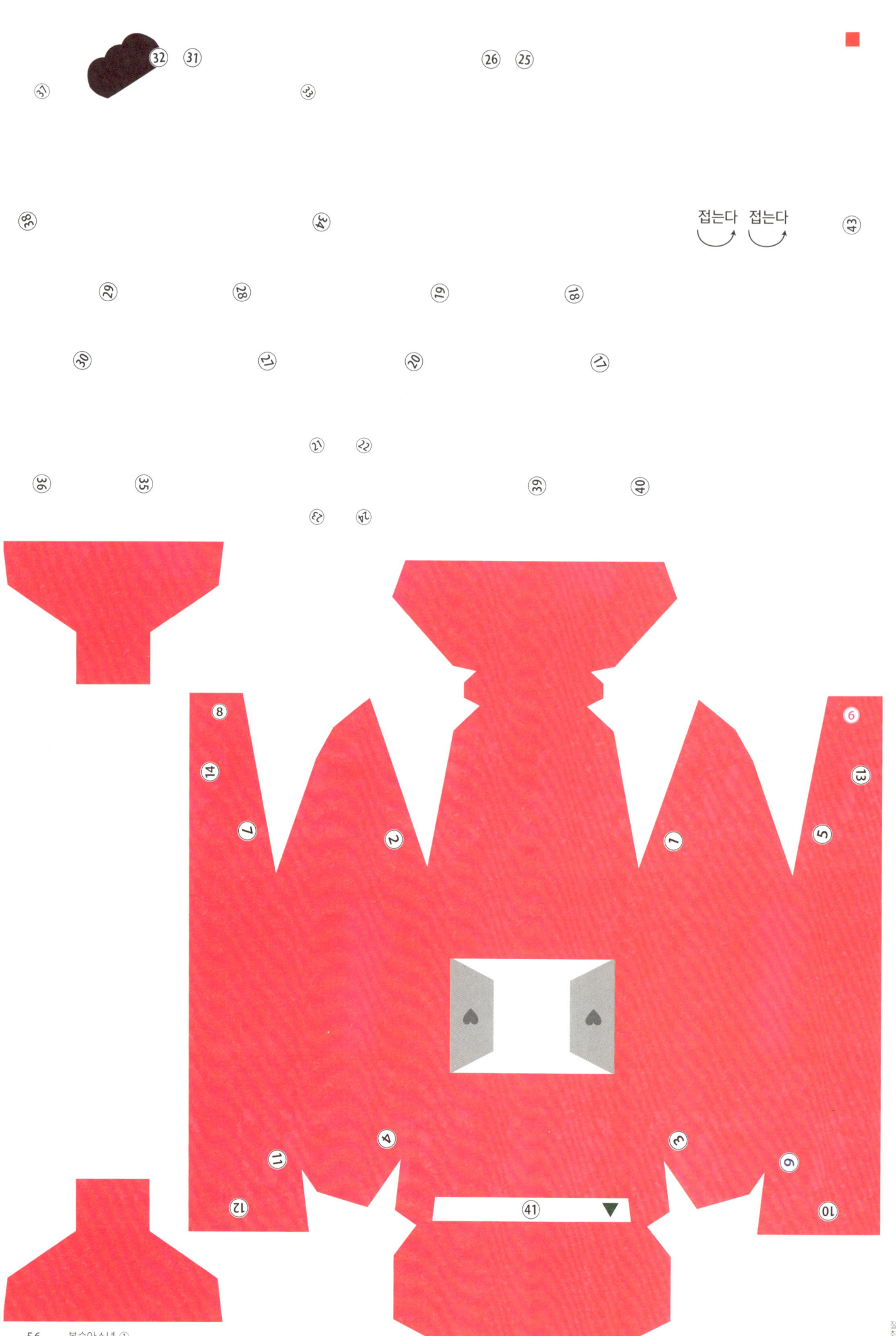

접는다　접는다

절취선

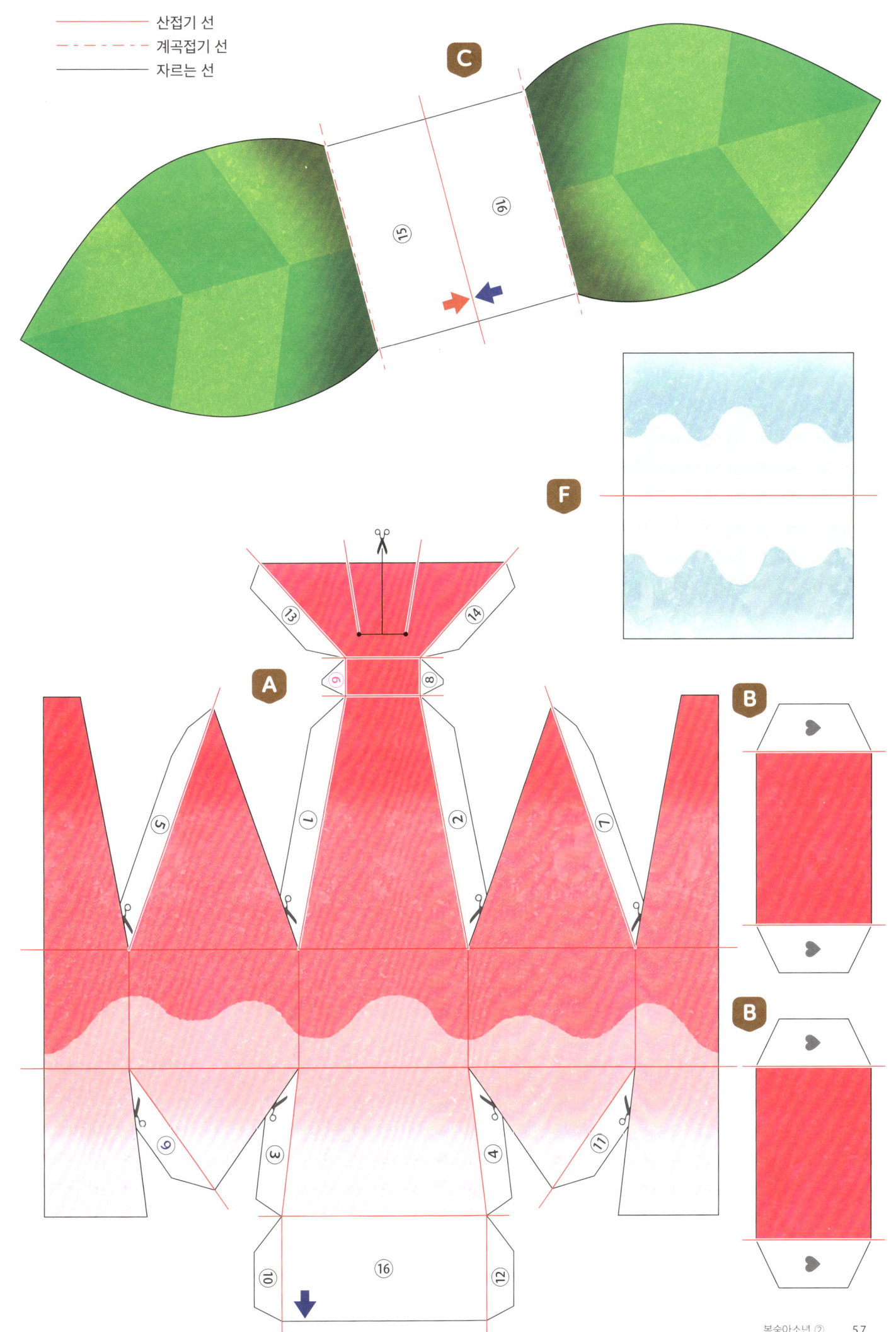

산접기 선
계곡접기 선
자르는 선

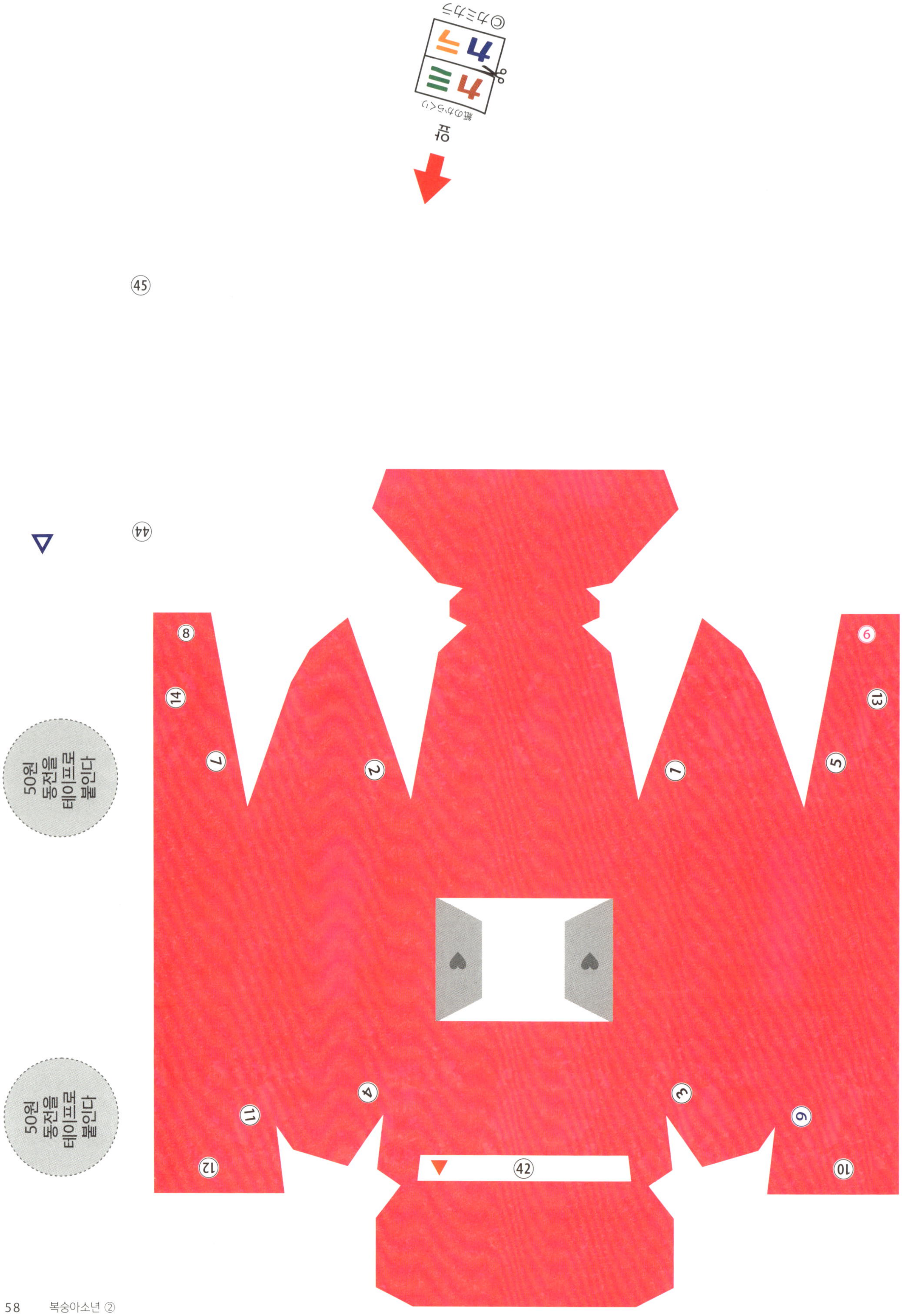

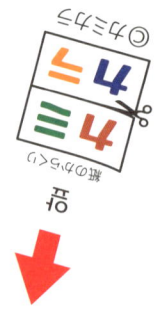

④⑤

▽ ㊹

50원
동전을
테이프로
붙인다

50원
동전을
테이프로
붙인다

⑧ ⑥
⑭ ⑬
⑦ ② ① ⑤
④ ③
⑪ ⑨
⑫ ▼ ㊷ ⑩

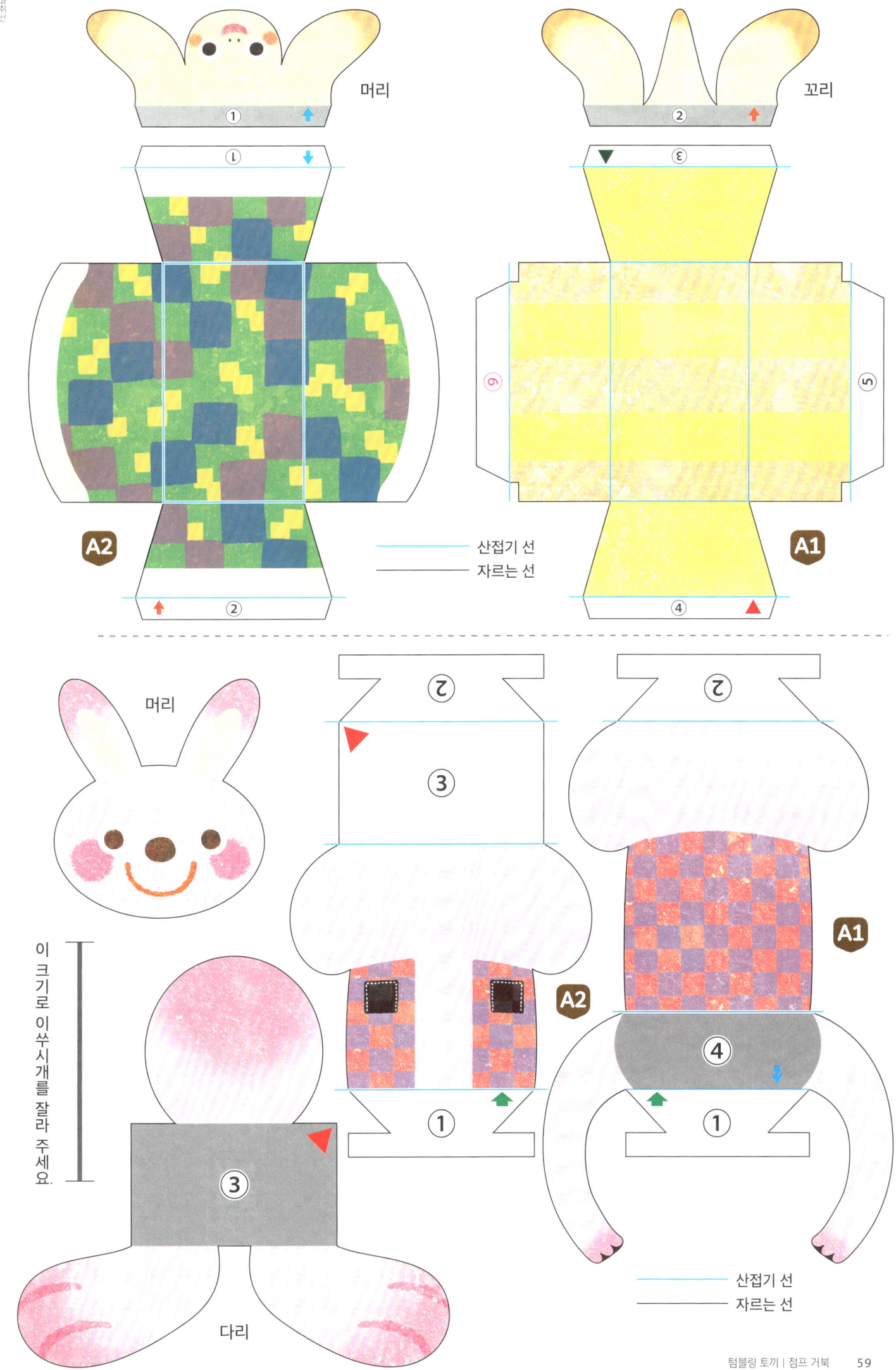

머리

꼬리

산접기 선
자르는 선

A2

A1

머리

이 크기로 이쑤시개를 잘라 주세요.

다리

산접기 선
자르는 선

A2

A1

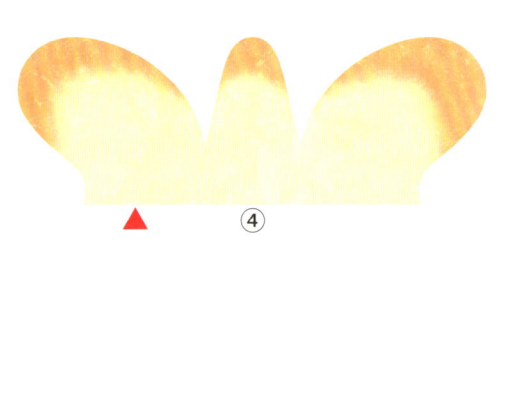

④ ▲

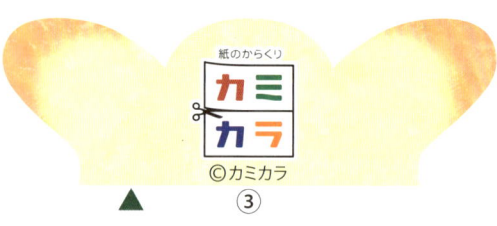
③ ▲

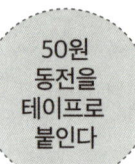

50원
동전을
테이프로
붙인다

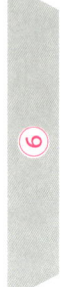

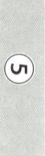

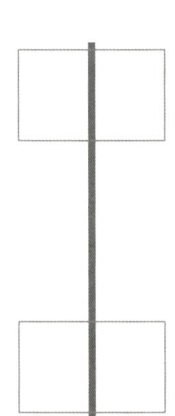

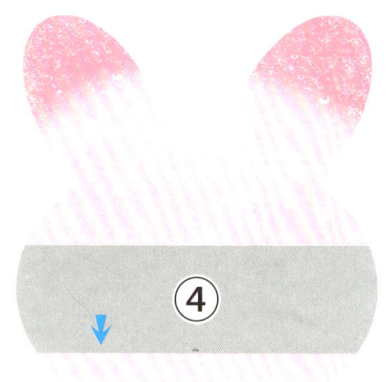

④

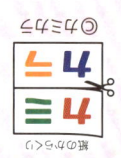

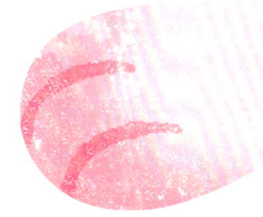

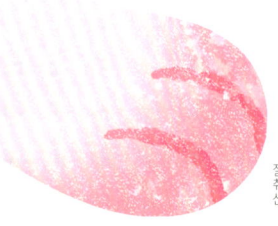

②

③

검은 점이 있는
부분까지 선을
따라 자른다.

④

④

⑨

✂

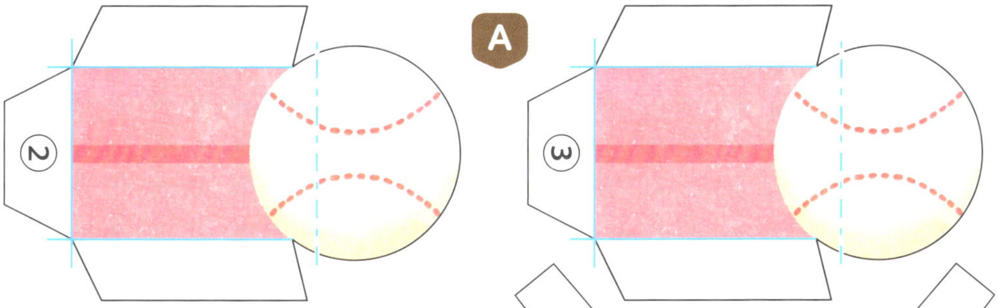

B

검은 점이 있는
부분까지 선을
따라 자른다.

⑦

⑤

⑤

✂

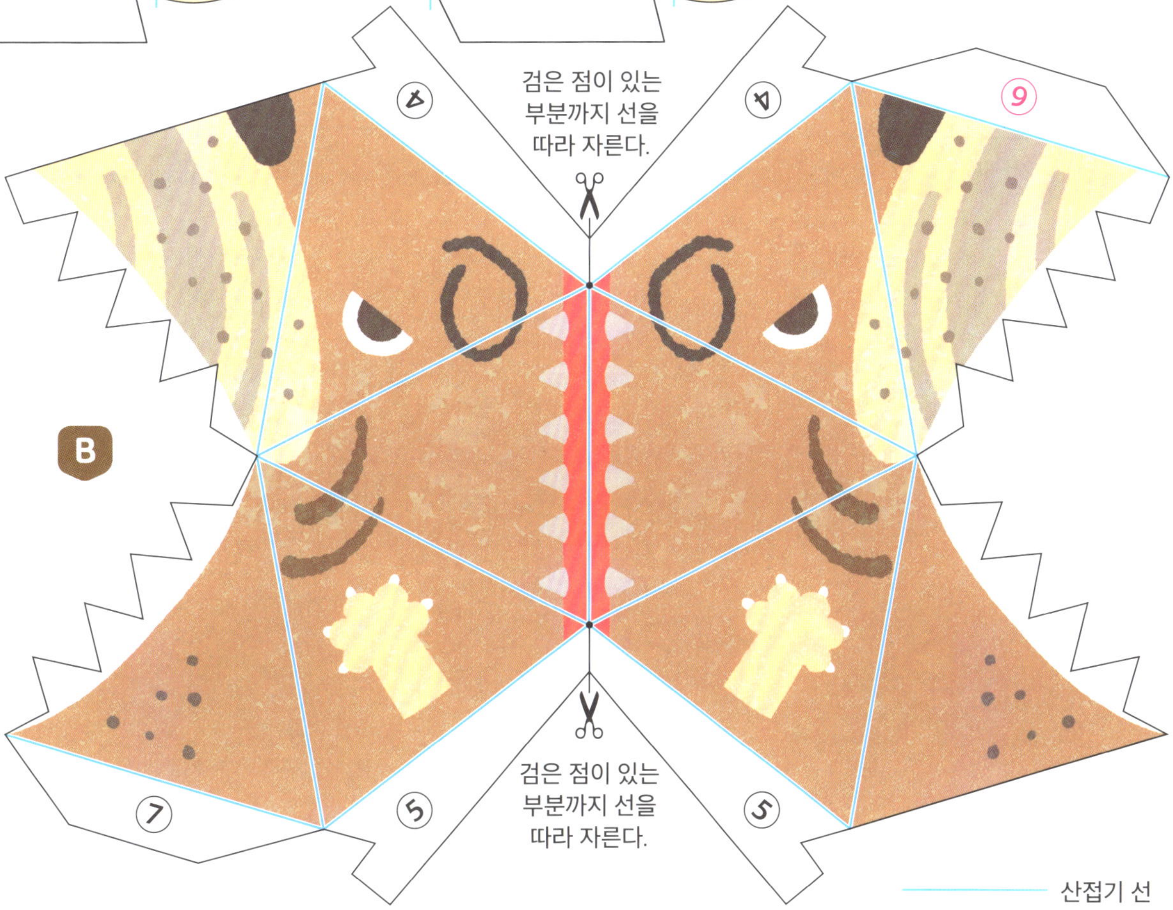

─────── 산접기 선
─ ─ ─ ─ 계곡접기 선
─────── 자르는 선

롤롤

풀칠

C

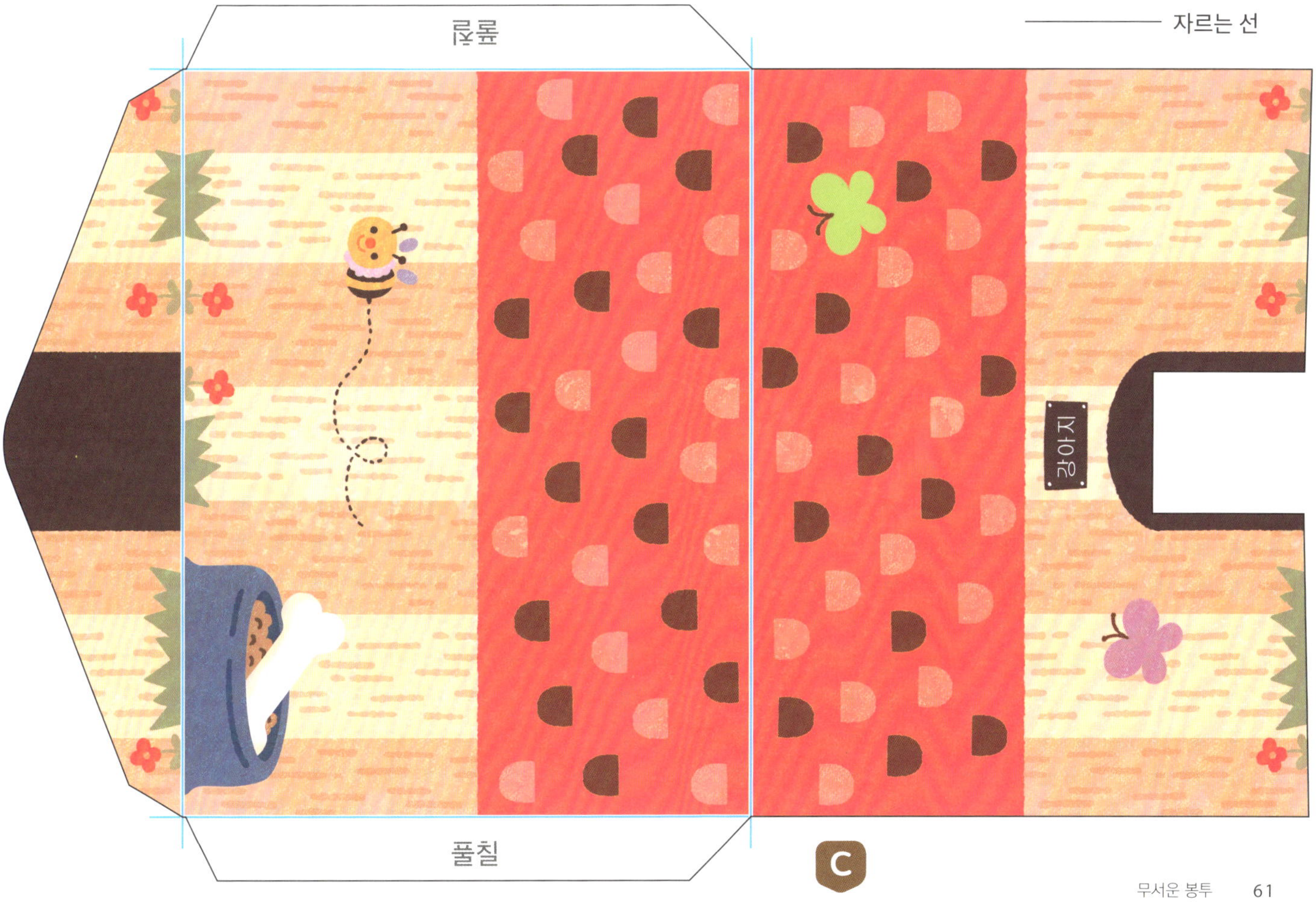

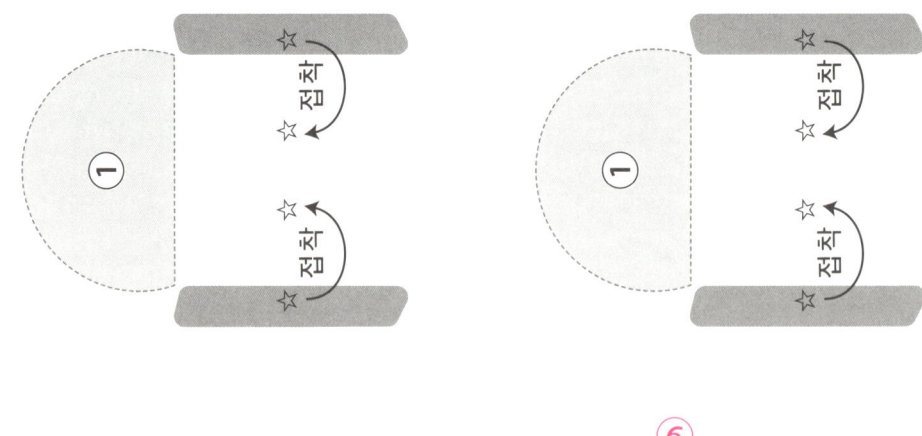

⑥

③

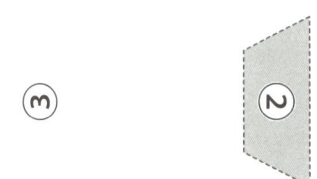

⑦

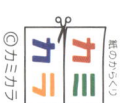

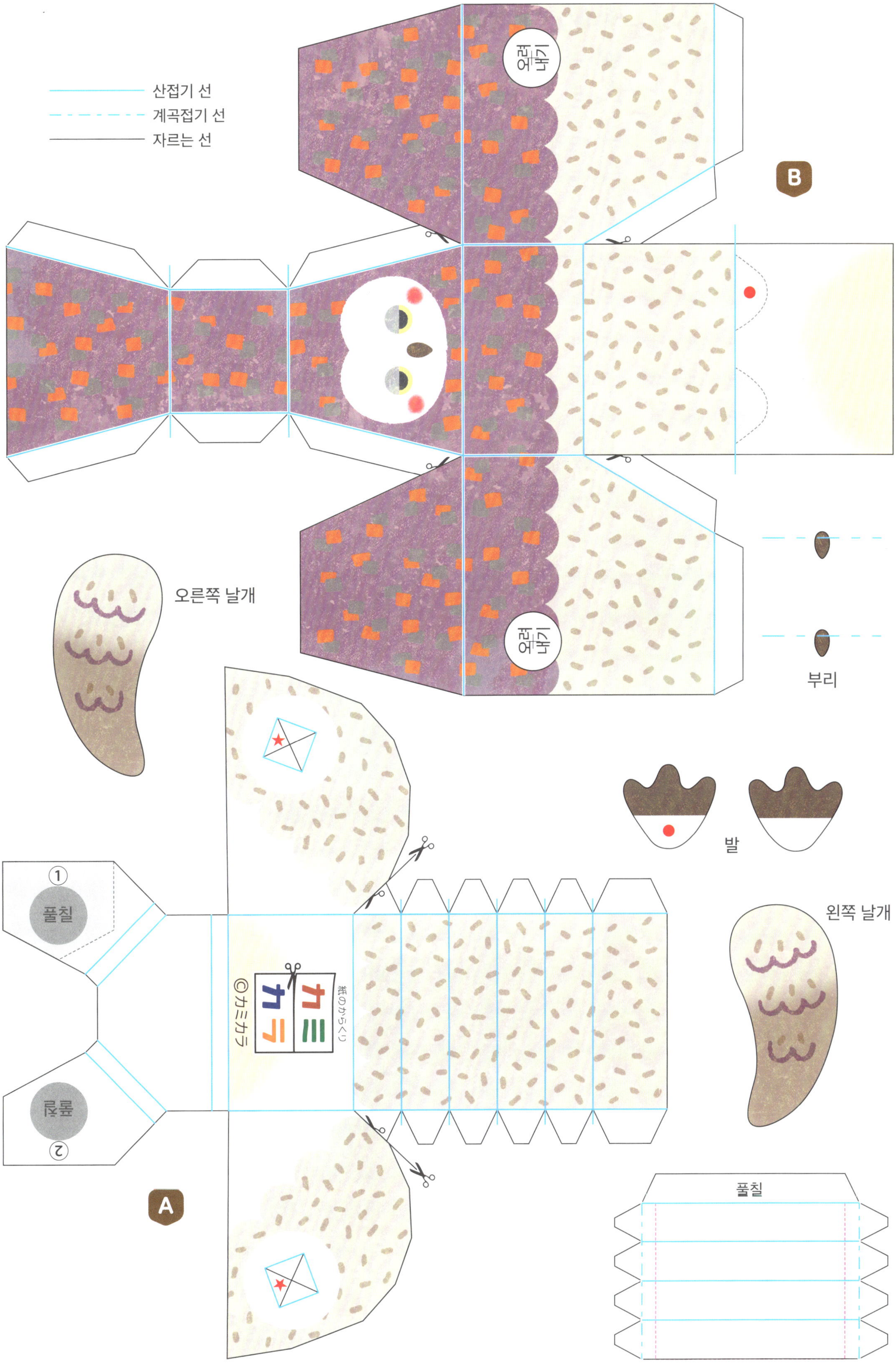

절취선

산접기 선
계곡접기 선
자르는 선

B

오른쪽 날개

부리

발

왼쪽 날개

①
풀칠

②
풀칠

종이のからくり
カ川
カ⋿
©カミカラ

A

풀칠

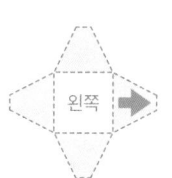

왼쪽

오른쪽

②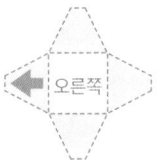

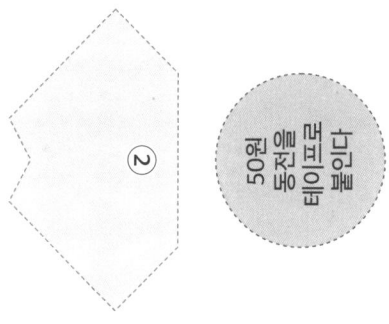

50원
동전을
테이프로
붙인다

①

절취선